zły chłopiec

zły chłopiec

Bogusław Linda
w rozmowie
z Magdą Umer

Pascal

ROZDZIAŁ I

CORAZ DALEJ OD DOMU

Już wtedy byłeś wielkim samotnikiem?
Marzyłem, żeby mieszkać gdzieś w ogromnym zamku czy olbrzymim domu i mieć swój schowek.

Bogusiu, znamy się i lubimy od lat, mieszkamy po sąsiedzku. Dzieli nas małe jezioro i jakieś osiemnaście płotów, a łączy sympatia i współistnienie w tej samej epoce naszej dziwnej ojczyzny. Wszyscy wiedzą, że jesteś wybitnym aktorem, ale już nie wszyscy, że jesteś życzliwym, serdecznym człowiekiem, a także świetnym kucharzem. Nie znam mężczyzny, który tyle wie o karczochach i tak wspaniale gotuje. Skąd ci się wzięło to gotowanie, na długo przed modą na gotowanie? Może było tak, że jak jadłeś, na przykład obiad w szkole, to mówiłeś: „Jakie to okropne, ja bym to zrobił lepiej"?

Nie miałem obiadów w szkole. W domu też nie, ponieważ mama pracowała na uniwersytecie i nie miała czasu. Latałem do Piasta, na osiedlu Millenium. Tam mieliśmy taki obrzydliwy bar, ale zrazy zawijane z kaszą gryczaną były naprawdę dobre. No kurczę... naprawdę dobre. Ale inne rzeczy nie były dobre, niestety.

Ale czy wtedy, w tym barze Piast, mówiłeś sobie: „Jak oni to zrobili, że wyszło coś aż tak niedobrego"?

W ogóle mnie to wtedy nie interesowało.

To skąd ci się to wzięło? Dopiero na stare lata?

8

Wcześniej, jeszcze w młodości. Zacząłem trochę podróżować i pływać łódką po polskich jeziorach: Charzykowy, Chojnice, Jezioro Guzianka na Mazurach. I zaczynałem od bardzo prostej rzeczy. Kupowałem puszki, bo były najtańsze, a wieczorem trzeba było coś zjeść. Zacząłem to doprawiać, urozmaicać. I tak się zaczęło.

A miałeś czym doprawiać?
Nie miałem tego, co dziś, ale był czosnek, cebula, papryka.

I na przykład poczęstowałeś kogoś na tej łódce i cieszyłeś się, że mu smakowało?
Nie częstowałem nikogo.

Najpierw sam sobie jadłeś?
Najpierw i potem. Bo ja najczęściej pływałem sam.

1953
Z mamą.

Już wtedy byłeś wielkim samotnikiem?
Tak.

Samotnik od dziecka?
Wiesz… ja mieszkałem w Toruniu, w bloku, tylko z mamą. Niedaleko dzisiejszego Radia Maryja. To się nazywało Kozackie Góry, moja dzielnica. Mieszkał tam też wtedy Grzegorz Ciechowski, ale nie znaliśmy się, był trochę młodszy. No więc mieszkałem w bloku i miałem bardzo mały pokoik – może dwa na cztery metry. Mieściła się w nim wąska leżanka i taki segment biurkowy, w którym otwierało się klapę. Ledwie dało się usiąść na krześle między łóżkiem a tym segmentem. Taka wąska klitka z oknem. I już wtedy marzyłem, żeby mieszkać gdzieś w ogromnym zamku czy olbrzymim domu i mieć swój schowek. Nie wiem, czy rozumiesz?

Skrytkę? Jak najbardziej rozumiem.
Skrytkę. Gdzie by się wchodziło przez…

Tajne przejście!
No właśnie, tajne przejście. I tam w środku mógłbym siedzieć sam, wiesz, tak zupełnie sam, żeby nikt mnie nie mógł znaleźć.

Jak ja to rozumiem. Czy byliście biedni?

1954
Może rok później.
Bydgoszcz. Mój pierwszy
rower.

Tak... ale wtedy nie zdawałem sobie z tego sprawy. Dziadkowie pochodzili z Wileńszczyzny, byli biedni. Z tamtych lat pamiętam smak placków ziemniaczanych z cukrem. Na mięso nikogo nie było stać. No tak, takie były czasy.

Prawie wszyscy byli wtedy biedni, a jeśli mieli jakieś majątki, to je skrzętnie ukrywali. Takie czasy.
Tak to było. Rodzice przestali mieszkać razem, mieszkałem trochę z mamą w Toruniu, trochę u taty w Bydgoszczy, trochę z dziadkami. A jak miałem szesnaście lat, to sam odszedłem z domu.

Chciałeś uciec?
Chyba chciałem uciec od tych wszystkich domowych komplikacji. Ale nie mógłbym powiedzieć, że brakowało mi ojca. Był fantastycznym, lojalnym, dobrym człowiekiem i bardzo mnie kochał. Tylko zakochał się w innej kobiecie; a ja ją bardzo lubiłem.

Dzisiaj co drugie dziecko przeżywa takie komplikacje. Takie czasy.
Takie czasy.

A gdybyś mógł wybierać – urodzić się trzydzieści lat wcześniej albo trzydzieści lat później,

11

albo w swoich czasach – którą epokę byś wybrał?

Ja chyba chciałbym żyć jeszcze dawniej, bo jestem fanem historii odległej. Z jednej strony chciałbym żyć w czasach, kiedy powietrze było powietrzem, woda wodą, koń koniem, a z drugiej strony wiem, że problem z zepsutymi zębami byłby straszny.

Czyli z jednej strony chciałbyś żyć w epoce bez elektryczności, a z drugiej jesteś już za bardzo rozpieszczony przez tę elektryczność.

Właśnie tak. Chciałbym żyć choć na chwilę w paru epokach, żeby dotknąć, powąchać, poczuć, jak to wyglądało.

I dlatego czytasz książki historyczne i grasz w filmach, mogąc imaginować sobie, że żyjesz w tych innych epokach...

Ja, niestety, raczej nie miałem wielu możliwości grania w filmach historycznych, jakoś mnie omijały. Dlatego właśnie tym filmem, który wspominam najmilej w swoim życiu, jest *Crimen* według Józefa Hena w reżyserii Laco Adamika. Przez rok siedzieliśmy w Bieszczadach... Nie było dla mnie piękniejszego planu filmowego niż tam. Siedemnasty wiek! Jeździłem w takiej błękitnej zbroi, siekłem, strzelałem z samopału. Kaptury, szpady, heł-

1954
Przymiarka do siodła. Nie wydaję się zbyt szczęśliwy.

my, przyłbice... po prostu żyć nie umierać!

Kiedy to kręciliście?
W osiemdziesiątym siódmym, osiemdziesiątym ósmym. Chyba coś takiego.

No to się trochę zagalopowaliśmy. Wróćmy do twoich młodych lat. Co najmilej wspominasz z dzieciństwa?
Wakacje! Wakacje z moim ciotecznym bratem Zbigniewem, z którym się wychowywałem. Dwa lata ode mnie starszy – a wtedy to było bardzo dużo! Latem pod dom moich dziadków w Bydgoszczy przy alei Pierwszego Maja jedenaście, naprzeciwko kina Pomorzanin, zajeżdżał koniem pan Golgin, nasz wakacyjny gospodarz. Koń rżał, furmanka czekała, babcia pakowała dobytek zawinięty w duże chusty. Brała nawet lampy naftowe, bo na początku nie mieliśmy tam jeszcze prądu, wyobrażasz sobie?! Jak była burza, ludzie wychodzili przed gumno ze świętymi obrazkami i modlili się, żeby piorun ich oszczędził. I z tym koniem, z tym wszystkim, jechaliśmy z babcią do wsi Kobylarnia. Ja ze starszym kuzynem Zbyszkiem. I tak co roku. Wracaliśmy dopiero pierwszego września, kiedy zaczynała się szkoła.

13

1954
Chyba.
Pierwszy raz siedzę w siodle
na prawdziwym kucyku.

**Rodzice chcieli, żebyście mieli
dużo świeżego powietrza i byli
zdrowi.**
No chyba o to chodziło...

A odwiedzali cię na wakacjach?
Nie pamiętam... pamiętam tylko sto-
pień zżycia się organizmu z tere-
nem. Pod koniec wakacji umieliśmy biegać po rżysku jak wiejskie

14

dzieciaki. Mieliśmy w tej Kobylarni dwie kryjówki. Jedną
w sianie, w stodole. Trzeba się
było przebić przez całą stodołę,
a na końcu, przy deskach, mieliśmy wyłożone jakimiś kocami
czy gazetami Coś Tajnego, czyli
skrytkę. Jedną deskę się odsu-
wało, tam było też okno, przez
które można było popatrzeć na
pole. Zapatrzyć się.

I długo tak się zapatrywałeś?
O Jezu, jak długo! I najważniejsze było to, że nikt nie wiedział
o tym, że ja mam taki widok!

A druga skrytka?
Druga... w oborze był stary gołęb-
nik. Wchodziło się po drabinie,
na zewnątrz. W tym gołębniku nie
było już gołębi, ale za to wy-
kleiliśmy tam całe ściany *Tytu-
sem, Romkiem i A'Tomkiem*.

I co tam robiliście?
Jaraliśmy jakieś fajki czy wysu-
szone liście, nie wiem z czego.

**A jak tak sobie tam
siedzieliście, to rozmawialiście
o *Tytusie, Romku i A'Tomku*
czy o tym, kim chcecie być
w przyszłości?**
Kompletnie nie pamiętam. Ja
z dzieciństwa pamiętam tylko
jedno – zapachy.

15

I tylko własne towarzystwo wam wystarczało czy szukaliście kogoś, na przykład do grania w piłkę?

Tam nie było nikogo do grania w piłkę. Czasami trzeba było się przedrzeć do spółdzielni, do GS-u – dwa kilometry szosą, czyli rowerami. Wtedy zwykle atakowały nas watahy miejscowych. Myśmy byli letniskowi, czyli obcy. Bili nas po prostu. Napierdalali.

Nie byłeś dzielnym i silnym chłopcem?

Nie za bardzo. Ale nie byłem tchórzem. Biłem się. Tylko miałem krzywicę klatki piersiowej, z biedy. Wtedy w szkole nikt nas nie badał, nie mówiło się o witaminie D. Musiałem dużo ćwiczyć, zapisałem się więc na judo i boks. Trenowałem przez całe dzieciństwo i młodość. Zmężniałem.

A co pamiętasz ze szkoły?

Podstawowej czy średniej?

Zacznijmy od podstawowej. Byłeś lubiany?

Chyba tak. Ale zawsze chodziłem swoimi drogami. Pamiętam na przykład, jak pojechaliśmy na wycieczkę do Warszawy. Zrobiła na mnie piorunujące wrażenie. Ogromne miasto, Pałac Kultury, wielki świat. Ale najbardziej chciałem zobaczyć zoo. Małpy, żubry, te sprawy, to mnie

1955
Tej daty też nie
jestem pewien. Wczasy
w Kątach Rybackich.
Ze mną kuzynka Elwira.

kręciło. I zostałem w tym zoo,
bo się zagapiłem, a cała klasa pojechała na Dworzec Główny,
wracać do Torunia. Wychowawca
odkrył moją nieobecność dopiero
w pociągu... a wiesz, wtedy pociągi
raz na dobę... Panika. A ja jakoś
dotarłem na dworzec, tramwajami,
autobusami i tam zaprzyjaźniłem
się z milicjantami i oni przeno-
cowali mnie w celi. Miałem wtedy
osiem, dziewięć lat.

I potem miałeś straszną awanturę?
Nie! Ten nauczyciel przyjechał skruszony i przerażony, że zostawił małe dziecko. Wracaliśmy razem pociągiem nocnym, on mi kupił czekoladę... W sumie było fantastycznie. Przygoda!

Przygoda była najważniejsza. Chodziłeś do kina na filmy przygodowe?
Na wszystkie westerny, jakie sprowadzano wtedy do Polski! Podrabiałem legitymację, a jak mnie wyrzucali, wchodziłem innymi drzwiami. Musiałem się dostać do środka.

A kiedy zacząłeś palić papierosy?
Może miałem dziesięć lat... Mazury i Partagasy się nazywały... Wszystko przez tego kuzyna. On mnie nauczył pić, palić i bić się łańcuchami z chłopakami z innego rejonu Bydgoszczy.

Czyli on cię w jakimś sensie zepsuł?
Starał się.

Ale tak z dzisiejszego punktu widzenia – udało mu się?
Nie, jednak nie. Wiesz, nasze myślenie było w zasadzie szlachetne. Jednego dnia byliśmy palącymi i pijanymi kowbojami, a drugiego niepalącymi i niepijącymi Indianami.

1955
Pierwszy pocałunek. Zrobiła to kuzynka Elwira. Bardzo wstydziłem się tego momentu.

18

To wszystko była sprawa wyobraźni. Poza tym... nie stać nas było na zaopatrywanie się w papierosy i wódkę codziennie. Robiliśmy to rzadko, ale było co wspominać. Ale paleniem trudno to nazwać. A piliśmy w kiblu.

W kiblu?
U dziadków, w takim składziku na parterze. Kiedy dziadkowie po wojnie kupowali mieszkanie w Bydgoszczy, musieli je kupić razem z pewnym Pomorzakiem. Dziadek kupił całe mieszkanie, ale Ruscy mu wrzucili Łasę, sąsiada, takiego alkoholika z gminu. I tak się porobiło, że dziadkowie mieli dwa pokoje, a Łasa trzy pokoje z salonem. No i w związku z tym myśmy zostali bez toalety. To znaczy my na trzecim piętrze, a kibel na parterze. I tam piliśmy gorzałę pierwszy raz. Kuzyn Zbigniew ją wykombinował. Na przykład piliśmy likier ananasowy, łączyliśmy to z miętówką i po tym rzygaliśmy.

A jak byłeś taki mały i przychodziłeś do domu, to mama nie widziała, że jesteś trochę pijany?
Nie. Bo wtedy nie mieszkałem z nią, tylko z dziadkami. A oni nie widzieli. Trudny byłem.

A kiedy budzi się w tobie mężczyzna?
Może w szóstej klasie szkoły podstawowej. Na koloniach. Pierwsza miłość. I wtedy już, że tak powiem, tańczyliśmy przy dźwiękach muzyki.

A pamiętasz jakiej?
Portofino.

Ach! To była wtedy też moja ukochana piosenka... „Jest długie lato w Portofino". Ależ to był przebój w sześćdziesiątym czwartym roku!
Tak, to się zgadza. I były jeszcze te... *Pola zielone.*

Pamiętam:
„Pola zielone, lat młodych blask,
Chwile zielone ze sobą porwał czas,
Tylko w marzeniach uśmierza się mój ból,
Gdy we wspomnieniach idziemy brzegiem pól,
Wkoło zielono, zielono i w nas.
(...)
Miłość zielona jak oczu twych blask" — **ale mi przypomniałeś młodość!**
Przy tych *Polach zielonych* i przy *Portofino* po raz pierwszy całowałem się z kobietą. I pamiętam, że wtedy byłem zakochany w zupełnie innej dziewczynie, a mianowicie w jej koleżance.

1957
Coś koło tego.
Z mamą w Suchaczu,
czyli nad Zatoką Elbląską.
Wczasy wagonowe,
załatwiał nam je wujek.

To dlaczego z tą się całowałeś?!
Ona jakby wymogła na mnie ten pocałunek, ponieważ była większa i wyższa.

Po prostu zostałeś zmuszony do pocałunku!
Jakaś tam ambicja działała, a poza tym ciekawość, jak to jest z tym całowaniem. No wiesz...

No wiem...

Całowałem się z inną, a kochałem się w innej... Bo tak to wygląda w życiu. A potem, jeszcze na kolonii, dostałem list od tej, z którą się całowałem. I było tam napisane... do dziś pamiętam, jak wyglądała ta kartka papieru: „Boguś, czy pamiętasz, jak pocałowałeś mnie wtedy pierwszy raz?". Wtedy obudziła się we mnie męskość. Byłem kimś.

Napisałeś jej, że pamiętasz?

Chyba w ogóle jej nie odpisałem.

Czyli już wtedy zacząłeś być trudnym i okrutnym macho.

Tak... tylko że wtedy nie mówiło się chyba macho.

A jak?

Zły chłopiec. Raczej tak się wtedy mówiło – zły chłopiec.

A jak byłeś młody i na przykład się w którejś kochałeś, a ona cię nie kochała?

Jako człowiek wrażliwy od dziecka, przy zakochiwaniu się byłem taki nieśmiały, że traciłem wiele szans na zdobycie tej dziewczyny, o którą mi chodziło. Pierwszy lepszy kumpel wyrywał mi ją, ponieważ był odważniejszy, a ja – jak ten głupi – siedziałem i nic z tego nie miałem. Tak to wyglądało.

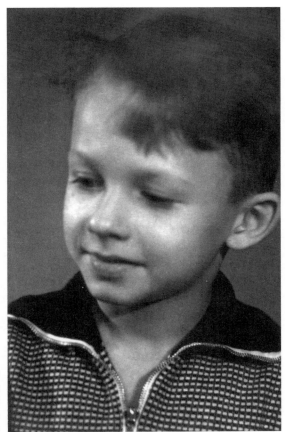

1959
Zdjęcie
najprawdopodobniej
zrobione w Toruniu.
Idę do szkoły.

**Czy chciałeś być podobny do
któregoś ze sławnych aktorów?**

Chciałem być jak ci z *Rio Bravo*,
Winchester '73, *Dwa złote colty*.
Na gruzach starej Bydgoszczy,
czy na nowo wybudowanym osiedlu w Toruniu odgrywaliśmy sceny
z filmów i chcieliśmy być jak ci
aktorzy. Szaleliśmy na dachach

23

1962
Na wakacjach z dziadkami
w Kobylarni. Ja i mój
cioteczny brat Zbyszek
łowimy raki.

i podwórkach, zwłaszcza na dachach,
bo były porośnięte trawą i małymi
drzewami. Tak to wyglądało, i chyba byłem trochę chuliganem.

A w liceum mieszkałeś już z mamą?
Tak, w Toruniu. Pamiętam że to
była szkoła koedukacyjna, a klasa
matematyczna. I to była moja zmo-
ra, bo o matematyce nie miałem pojęcia. Te wszystkie pociągi, które
wyjeżdżają ze stacji o tej i o tej
godzinie...

Nawet mi nie przypominaj tego koszmaru. To czemu poszedłeś do klasy matematycznej?

Niestety, własna matka mnie tam zapisała, żeby mieć nade mną kontrolę. Sama była filologiem, ale miała jakieś koleżanki, które uczyły w tej szkole. Pan profesor Staniszewski był na mnie skazany i ja mu do dzisiaj współczuję. I wiesz co, jeszcze przez piętnaście lat po maturze dręczyły mnie koszmary, budziłem się zlany potem, że mam poprawkę z ostatnich dwóch lat materiału z matematyki, że muszę to przerobić i zdać. W końcu dwie zdolne kobiety, które mi się podobały, i jeden serdeczny kolega, napisali za mnie tę maturę. Jak ja im jestem wdzięczny!

Byłeś lubiany w liceum?

Tak... ja chyba już w szkole byłem kimś. A właściwie było nas dwóch... Pozdrawiam cię, Tomaszu Kocu... Mój przyjaciel miał dwa metry wzrostu i był owłosiony jak zwierzak. Nosił bardzo modne wtedy baczki, których mu zazdrościłem, ja jakoś dłużej czekałem na męski zarost. Trochę rozrabialiśmy i wydawało się nam, że trzymamy tę szkołę w garści. Tak, że wiesz... byliśmy ważni. I miałem cechy przywódcze. To był czas władzy hormonów i młodzieńczej głupoty.

A książki czytałeś?
Tak, ale musiała być akcja. Przygodowe, *Trylogia*, o żeglarstwie, dobre kryminały.

A poezja?
Tak, tak, przechodziłem przez to wszystko, nawet sam próbowałem pisać wiersze, ale krótko to trwało, a czytałem innych – Słowackiego, Norwida, Baczyńskiego. *Kwiaty polskie* Tuwima nawet deklamowałem. Wiesz, moja mama była filologiem i specjalistką od literatury staropolskiej. Przez pewien czas ten język staropolski może lepiej nawet znałem niż współczesny polski.

Mówiłeś wiersze na akademiach?
Od tego się chyba wszystko zaczęło. A *Mistrz i Małgorzata* Bułhakowa to była moja ukochana książka.

I miałeś czas na czytanie?
Nawet na łódce czytałem. Jak wspominałem, lubiłem być sam. Zacząłem żeglować jako czternastolatek i jeszcze na studiach pływałem.

Najczęściej samotnie.
Tak. Zdarzały się dziewczyny, ale wolałem samotnie. Pływałem najczęściej we wrześniu, kiedy było już pusto na Mazurach. Brałem dużą łódkę kabinową, siedziałem, gotowałem sobie. Płynąłem tak na przełaj przez całe Mazury.

26

1966
A przynajmniej coś koło tego. Także na wakacjach w Kobylarni ze Zbyszkiem. Z tamtego czasu pamiętam głównie zapachy.

Co ci dawało radość w tej samotności?

Przygoda i wolność! Nie wiesz, gdzie cię wiatr zawieje, gdzie wylądujesz, może trzeba będzie rozpalić ognisko w lesie, może trzeba będzie nocować na lądzie, może jakieś szczury wodne wyjdą w nocy, może przybłąka się jakiś facet i trzeba będzie z nim pogadać przy ognisku... przygoda!

Miałeś poczucie bezpieczeństwa, nie bałeś się?

Ja się w ogóle nie bałem. Kupowałem sobie jakieś wino marki

wino, spotykałem jakichś ludzi na innych łódkach, było miło, a potem każdy płynął w swoją stronę.

A co zaprowadziło cię do szkoły teatralnej? Jak to się stało, że dorosły wysportowany chłopiec, który czytał wiersze i powieści, poszedł uczyć się robić miny?
Wiesz, wydawało mi się, że to będzie najłatwiejszy zawód, jaki można uprawiać.

Nie chciałeś trudniejszego?
Nie. Bo ja wtedy tylko dwie rzeczy widziałem w tych swoich durnych

1968
Znowu nie jestem pewien daty. Ale miejsce pamiętam – Charzykowy na Kaszubach, koło Swornegaci. Bory Tucholskie.

gałach: w jednym oku kwiaty,
a w drugim kobiety. I myślałem,
że jak będę dobry, to...

**...to będziesz miał tyle kobiet,
ile zechcesz. A kwiaty po co?**
W celach handlowych. W zamian za
seks i uczucia.

**To było ci potrzebne przede
wszystkim?**
Wydaje mi się, że tak.

**Poszedłeś do szkoły teatralnej
w Krakowie. Dlaczego
nie w Warszawie albo Łodzi?**
Bo Kraków był najdalej od domu,
a ja chciałem być jak najdalej
od domu.

**I jak się dostałeś, i zobaczyłeś
tych wszystkich sławnych aktorów
i piękne dziewczyny...**
Tam nie było sławnych aktorów.

**Może ich wcześniej nie widziałeś,
bo nie chodziłeś do teatrów i nie
oglądałeś telewizji?**
Raz, że nie chodziłem, dwa, że
oni nie występowali w telewizji.
W telewizji grali aktorzy warszaw-
scy, natomiast w Krakowie trady-
cja była zupełnie inna. Lwowska,
wileńska, krakowska, galicyjska.
I dopiero wtedy zacząłem chodzić
do teatrów. To wszystko były tra-
dycje małopolskie. I takiego lę-

gowiska aktorskiej modelarni już
nie ma na tym świecie. Powinno się
o nich pisać książki.

**Ja słyszałam o sławnym profesorze
Eugeniuszu Fuldem. Poznałeś go?**
Oczywiście. Był rektorem. Kiedyś coś
nabroiłem i on chciał mnie ukarać
zabraniem stypendium. A ponieważ
nie miałem stypendium – przydzie-
lił mi je, a zaraz potem odebrał.
Taka kara. Ale lubił mnie.

Czy on był znanym aktorem?
Niezupełnie znanym. Jego przemó-
wienie inauguracyjne zaczynało
się od słów: „Chuj, okrzyk rycer-
stwa z czternastego wieku, kurwa
– krzywa po włosku" – byleby tylko
zrobić wrażenie. Barwna postać.
Była taka legenda, że jeżeli on
pocałuje jakąś dziewczynę, a miał
takie ciągoty, to ona wyleci ze
szkoły, więc jak szedł z trze-
ciego piętra po czerwonym dywa-
nie, to był pisk straszny i one
wszystkie uciekały. Miał sztuczną szczękę, brwi, w ogóle uwa-
żał, że aktor musi mieć wszystko
sztuczne, żeby to sobie wymie-
niać. Wsławił się tym, że jak
kogoś chciał wyrzucić ze szkoły, to zapraszał go do gabinetu
i mówił: „Panie kolego, ja mam
syna w Tarnowie, no beztalencie
aktorskie… Ja nie mogę na niego
patrzeć…" – i płakał, i szlochał

przed tym studentem, tłumacząc
się, że musi go (tego studenta)
jednak wyrzucić! I student się
dowartościowywał, mniej cier-
piał, bo wiedział, że nie jest,
co prawda, tak zdolny jak jego
koledzy na roku i musi opuścić
szkołę, ale gdzieś tam, w da-
lekim Tarnowie, jest prawdziwe
beztalencie, dużo większe niż
on, i jest to sam syn pana rek-
tora Eugeniusza Fuldego.

**A pan rektor grał w jakimś
teatrze?**

Chyba nie. Ja go nie widziałem.
Ale odgrywał przed nami spekta-
kle, pokazywał, czego aktor nie
powinien mieć. Zdejmował jakąś
treskę, wyjmował sztuczną szczękę, dziewczyny piszczały. Potem
rozpinał spodnie i skakał, wtedy spodnie mu spadały i zostawał
w płóciennych kalesonach. I mówił, że aktor powinien właśnie
tak wyglądać, musi być obnażony,
bo tak tworzy się prawdziwe ak-
torstwo.

**Chyba chciał wam powiedzieć,
że aktor nie może się niczego
wstydzić.**

Pewnie tak.

**I ja chyba dlatego nie mogłabym
być aktorką; ja bym się
wstydziła.**

Ale wiesz co, większość dobrych aktorów się jednak wstydzi.

A czy ty wtedy chciałeś być modny? Bo właśnie nastała moda na hipisów i dzieci kwiaty?
Chciałem! Dzwony, długie włosy, kiedyś ojciec przywiózł mi z Jugosławii buty z frędzlami. Byłem strasznie dumny, że mam takie buty. I szyłem sobie kożuszek pod Zakopanem. Tak, wszyscy staraliśmy się być modni, chociaż ta moda była lekko zdeprawowana szkołą teatralną, bo jednak w szkole już nie barwne kwiaty, ale czerń była kolorem podstawowym.

Co jeszcze pamiętasz ze szkoły teatralnej?
Pamiętam Pimpunalia, nazwane tak od ksywy profesora Bronisława Dobrowolskiego, którego nazywaliśmy Pimpusiem. Pimpuś wykładał historię sztuki i generalnie zajmował się tym, który z wielkich artystów z kim spał i kto od kogo zaraził się chorobą weneryczną, bo zwłaszcza choroby weneryczne były ważne. Pimpunalia polegały na tym, że jechaliśmy do jego żony, żeby uprzedzić, że będą Pimpunalia, braliśmy dorożkę na rynku i jak on szedł – porywaliśmy go w pełnym galopie, w maskach, pelerynach i wieźliśmy na Warszawską pięć, a tam – na scenie – dziewczęta (koleżan-

ki studentki), przebrane w tureckie stroje, wiły się w tańcu, a myśmy mu podawali czekoladki, które uwielbiał. Potem odwoziło się go do domu i był szczęśliwy. Następnego dnia szło się do niego z indeksem i każdemu wpisywał piątkę. Profesor Pimpuś.

Albo taki profesor Merunowicz, który był mistykiem. Kiedyś próbowaliśmy jakiś chór do greckiej sztuki i tam były słowa „Odezwał się piorun z jasnego nieba". I wtedy w jasny dzień nagle uderzył gdzieś piorun. Jego reakcja była prosta. „Odezwał się" – powiedział tylko nam, ogłupiałym, bo przecież wiadomo było, co i skąd się odezwało. Kiedyś wlokłem się do szkoły na zajęcia i zajrzałem do kościoła Mariackiego, bo to po drodze, usiadłem w ławce i widzę go obok mnie, w zielonym ortalionie, z laską. On siada przy mnie, klęka, ja klękam, nie wiem za bardzo, co robić, ale powtarzam to co on, siedzimy już pół godziny, boję się trochę, że się spóźnię, ale on też siedzi i w końcu mówi do mnie: „Panie kolego, Pan też rozmawia z Bogiem?".

A ty nie rozmawiałeś z Bogiem?
Nie w ten sposób. A wtedy chyba w ogóle.

A z kim studiowałeś?

Najbardziej znana była chyba Bożena Adamek. Wyżej byli Andrzej Grabowski, Jerzy Kryszak. Krystian Lupa na reżyserii.

Mieszkałeś w akademiku?

Przy Warszawskiej pięć. To był dom zakonnic. Dziwny zestaw mieszkańców akademika: zakonnice, emerytowany ułan i czterdziestu mężczyzn – przyszłych aktorów i muzyków. Pamiętam też, że mieliśmy tam telewizor, czarno-biały oczywiście. Do Mariana Dziędziela przychodziła sławna Halina Wyrodek. No, nudno nie było.

1969
Może rok wcześniej.
Czasy licealne,
ze szkolnymi kumplami.
Toruń.

Przyjaźniłeś się z kimś czy byłeś odludkiem?

Trochę się trzymałem z pewnym kolegą, którego wyrzucili ze szkoły. Taki za wrażliwy, trochę poeta, uwodził go inny aktor, gej, ale wtedy nie mówiło się jeszcze gej, tylko pedał, nauczyciel ze szkoły. Zrobiła się afera, bo on uderzył tego nauczyciela w twarz i wyrzucili go... Rozpił się. Pisał niezłe wiersze, był także trochę malarzem, żył z malowania obrazów pod Barbakanem. Widywałem go, wiecznie pijanego. I zmarł. Smutne.

A zakochałeś się w jakiejś studentce ze szkoły?

Nawet w paru naraz, bo ja byłem bardzo kochliwy.

I nie byłeś wierny?

Niestety nie.

Zły chłopiec...

Można tak powiedzieć, niestety. Ale dziewczyny też nie były wierne. To był czas hipisów na Zachodzie. Wolna miłość, dzieci kwiaty, no wiesz.

Wiem... wtedy już do nas przeciekał ten styl życia zepsutego Zachodu. Beatlesi, Rolling Stonesi... Ale że do konserwatywnej, porządnej krakowskiej szkoły przeciekało zepsucie zachodniego świata?!

35

No może nie tyle do szkoły, ile do mnie. Przyjechał wtedy z Nowego Jorku do Krakowa mój daleki kuzyn, starszy ode mnie o pięć lat Krzysztof O. Urodził się w Londynie, studiował polonistykę, ale kaleczył język polski, bo jego rodzina nie wróciła po wojnie do komunistycznej Polski. Robił doktorat z Witkacego. Mieszkał w Nowym Jorku i świetnie mówił slangiem amerykańskim. Przywiózł ze sobą marihuanę. To był w końcu czas hippisów. Paliliśmy ją w akademiku i w kinach, nikt nas nie karał, bo milicja nie znała tego zapachu. Wtedy można było w kinach palić. On mi tłumaczył filmy i opowiadał o Zachodzie, o Nowym Jorku. Pamiętam, jak opowiadał o filmie *Przełomy Missouri* z Jackiem Nicholsonem i Marlonem Brando. Od niego usłyszałem o metodzie Lee Strasberga, o innym sposobie grania. I to mi bardzo dużo dawało, bo wtedy zmieniłem swój sposób myślenia na temat gry aktorskiej, chłonąłem tamte opowieści. Myśmy w szkole grali teatralnie. Inaczej. Dla mnie to było odkrycie. Wtedy się z tym kuzynem zaprzyjaźniłem. To znaczy ja miałem za zadanie zaopiekować się nim w Polsce i zaopiekowałem się, można powiedzieć... zbyt intensywnie... żadne przejawy życia hulaszczego nie były nam obce.

Nauczyłeś go pić, palić i uwodzić kobiety?

Niestety tak.

A czy on był ci za to wdzięczny, czy raczej miał pretensje?

Chyba pretensji nie miał, natomiast jak już poznał swoją małżonkę, to mi jej nawet nie pokazał. Uciekł z nią do Nowego Jorku.

Bał się, że mu ją zepsujesz albo uwiedziesz.

Mógł się tego bać. No wiesz, myśmy wtedy szaleli. Na przykład pędziliśmy w akademiku wino ze zboża w szafce zamykanej na kłódkę, którą sobie dokupiliśmy, żeby nie zaglądały tam sprzątaczki. Chodziliśmy potem z tym winem do zoo w Krakowie i stukaliśmy się z żubrami.

Zmarnowałeś kuzyna. Dobrze, że żubrów nie rozpiliście.

Nie byłbym tego taki pewny. On mnie za to karmił muzyką. Był wielbicielem bluesa i przywoził płyty, o których wtedy w Polsce można było tylko śnić. Memphis, muzyka Nowego Orleanu.

A kiedy muzyka zaczęła cię interesować? Bo ty jesteś bardzo muzykalnym człowiekiem.

Już w szkole średniej miałem adapter Bambino i pocztówkowe

płyty. Słuchałem *Snu o Warszawie* Niemena, Breakoutu i Nalepy, podobał mi się Grechuta. A w czasach podstawówki chodziłem nawet do jakiejś szkoły tanecznej...

To takie rzeczy ukrywasz?!
Właśnie mi się przypomniało! Pamiętam, że na koloniach musiałem tańczyć krakowiaka, i pamiętam swoje upokorzenie, bo nie miałem portek, tylko spodnie od piżamy w paski. Spodnie od piżamy i gumiaki... Potem jeszcze przez jakiś czas chodziłem na jazdę figurową, mama mnie zapisała, żebym nie chuliganił, ale szybko straciła nade mną kontrolę. I chodziłem na wagary zamiast na lodowisko. Siły woli na jazdę figurową starczyło mi na jakieś dwa tygodnie. To upokarzające było... ta jazda figurowa. Uciekałem i dopiero po czterech miesiącach wszystko się wydało. Mówiłem ci już, że łatwo matka ze mną nie miała?

Mówiłeś. Wróćmy do studenckich lat. Jakie filmy, oprócz tych amerykańskich, tłumaczonych przez kuzyna, robiły na tobie największe wrażenie?
Pokolenie, *Kanał*, *Ostatni dzień lata Konwickiego* i w ogóle szkoła polska, czyli czarno-białe filmy z lat pięćdziesiątych. Wtedy nasze kino było znane na całym świecie. A później choćby *Wesele* Wajdy.

1969
Jestem licealistą. Mniej więcej w tym momencie wpadłem na pomysł, że aktor to najprostszy zawód, jaki można uprawiać.

Poza tym genialne były filmy radzieckie: *Lecą żurawie*, *Biały ptak z czarnym znamieniem*, *Kalina czerwona*, *Syberiada*.

To prawda. Ja kochałam poza tym filmy Eldara Riazanowa — *Gorzki romans*, *Ironia losu*, *Dworzec dla dwojga*, *Spalonych słońcem* Michałkowa.

To wielkie kino. Oni są do bólu prawdziwi. Mają to, co wszystkie wielkie narody — nie wstydzą się. Amerykanie także się nie wstydzą, ale są naiwni i tandetni. Nie mają za to kompleksu małego kraju i to jest ich siła.

Mnie się wydaje, że my w dziedzinie sztuki także nie mamy kompleksu małego kraju. Ale chyba tylko w tej dziedzinie. Wróćmy do czasu studiów... Opowiedz, jaki był ten świat w zamkniętej szkole. Chciało wam się w ogóle wychodzić na zewnątrz, czy – tak, jak opowiadają aktorzy ze szkoły warszawskiej – cały świat przestawał istnieć?

Z jednej strony były juwenalia i chodziło się do knajp, ale przede wszystkim siedziało się w szkole i naprawdę ciężko pracowało,

1969
Obóz wędrowny PTTK.

z czego w tej chwili chyba nikt nie zdaje sobie sprawy. Przez cztery lata myśmy w zasadzie siedzieli w szkole od dziewiątej rano do dwudziestej drugiej!

A dzisiaj, kiedy sam prowadzisz szkołę dla aktorów, uważasz, że oni mają łatwiej?
Inaczej.

Na czym polega ta różnica? Oprócz tego, że tam się nie płaciło, a tu się płaci za naukę?
Przede wszystkim na poczuciu bezpieczeństwa. Wtedy wiadomo było, że każdy, kto skończy tę szkołę, ma zapewniony etat. Czy to w Grudziądzu, czy w Warszawie, ale będzie miał pracę. Co roku na przedstawienia dyplomowe przyjeżdżali dyrektorzy teatrów z całej Polski i wybierali. Lepszych do lepszych teatrów, gorszych do gorszych. Ale nikt nie zostawał „bez przydziału". I to było bezpieczne.

A ciebie po szkole, jako nadzwyczajnie utalentowanego, chyba wszystkie teatry chciały przyjąć?
Nie, ze mną były ciągle kłopoty. Po pierwsze, groziło mi relegowanie ze szkoły już po pierwszym roku. Nie wiem właściwie dlaczego...

41

Nie za złe zachowanie?

Za złe zachowanie to byłem wyrzucany z akademików na ostatnich latach. A wtedy zostałem relegowany za to, że strasznie się wstydziłem grać i według nich nie nadawałem się do tego zawodu. Na zajęciach w szkole, z kolegami i koleżankami, to się nie wstydziłem. Ale po pierwszym roku zaproponowano mi rolę Cherubina w *Weselu Figara* w Teatrze Słowackiego i miałem tam śpiewać i grać... Patrzę, oni coś tam opowiadają na tej scenie, grają, udają, a ja doznałem takiego dojmującego uczucia zażenowania, wstydu i braku umiejętności. Kompletnego braku wiary w siebie. Pamiętam, że z tego wstydu zawędrowałem pod łóżko grającej hrabinę Marii Nowotarskiej i nie chciałem spod niego wyjść. I mnie wyrzucili. A Cherubina zagrał Marian Dziędziel. Wtedy był piękny.

**Chcieli cię wyrzucić za to,
że wstydziłeś się grać?**

Za brak talentu. Tak to się nazywało. Powiedziano mi, że raczej nie nadaję się do tego zawodu... i to mnie chyba zmobilizowało, wróciłem do szkoły i byłem coraz lepszy. Bo sam sobie chciałem udowodnić, że jednak się nadaję. Chyba każdy aktor ma ze sobą tego typu problemy na pewnym etapie nauki.

1969
Licealista. Zresztą widać
to od razu.

1967
Początki liceum. Jestem trochę chuliganem. Nawet jeśli tu akurat nie wyglądam.

1969
Za chwilę opuszczę rodzinny Toruń, żeby pojechać na studia do Krakowa.

1968
A przynajmniej tak mi się wydaje.
Zdjęcie, zdaje się, zrobione w Bydgoszczy.
Ale głowy nie dam sobie uciąć.

ROZDZIAŁ II

HALABARDNIK NIE MA LEKKO

I jak zagrałeś Hamleta, to po raz pierwszy dziewczyny oszalały gremialnie?
Może i coś takiego
się zdarzało.
Ale krytycy byli
oburzeni, bo ja
już wtedy wrzucałem
swoją metodę grania.
Krytycy oburzeni,
ale młodzież
zachwycona.

Jak przygotować się do egzaminu
na Wydział Aktorski

1. Pogłębiać swoją wiedzę o Polsce Ludowej i o świecie współczesnym.

2. Pogłębiać i rozszerzać wiedzę historyczną i literacką.

3. Poznać jak najwięcej utworów dramatycznych klasyków polskich i obcych (Mickiewicz, Słowacki, Krasiński, Norwid, Fredro, Wyspiański, Żeromski, Gogol, Tołstoj, Czechow, Gorkij, Szekspir, Byron, Sha'w, Racine, Corneille, Molier, Beumarchais, Musset, Goldoni, Calderon, Lope de Vega, Goethe, Schiller, Ibsen, Strindberg i inni).

4. Interesować się współczęsnym życiem teatralnym w kraju i za granicą. Uczęszczać do teatrów i kin, czytać czasopisma teatralne i tygodniki społeczno-literackie («Pamiętnik Teatralny», «Teatr» i «Dialog»).

5. Zawczasu wyuczyć się na pamięć co najmniej **trzech wierszy i dwóch fragmentów prozy**, oraz opracować ich interpretację.

6. Wiersze: mogą to być mniejsze utwory poetyckie w całości, fragmenty poematów, bądź też monologi ze sztuk klasycznych, pisanych wierszem. Należy wybierać utwory oryginalne poetów polskich, bądź też przekłady z literatury obcej. Wśród wybranych wierszy znaleźć się musi co najmniej jeden utwór z klasyki polskiej.

7. Proza: wybrać jeden fragment z klasyków literatury polskiej (np. Sienkiewicz, Prus, Reymont, Żeromski...) i jeden fragment prozy współczesnej (polskiej lub obcej).

8. Utwory wybierać należy według swoich upodobań, bacząc jednak, aby były zróżnicowane w charakterze i nastroju: a więc musi być obok poważnych, conajmniej jeden utwór wesoły lub komiczny i odwrotnie. Nie wybierać utworów podobnych w nastroju i charakterze. Unikać również takich, które nie dają możliwości wykazania ekspresji aktorskiej.

9. Przygotować jedną pieśń lub piosenkę. Należy pamiętać, że nie chodzi tu o wykazanie umiejętności śpiewaczych, ale przede wszystkim o brzmienie głosu, słuch muzyczny i interpretację aktorską.

10. Sporządzić spis przygotowanych na egzamin utworów z podaniem tytułów i autorów.

No dobrze. Kończysz szkołę teatralną i kto proponuje ci etat?

Moim przedstawieniem dyplomowym była główna rola – Sajetana – w *Szewcach* Witkacego w reżyserii Maćka Prusa. Spodobałem się, odkryto we mnie talent komediowy. Maciek polecił mnie Konradowi Swinarskiemu do Teatru Starego. Nie dane nam było jednak razem pracować, bo Swinarski zginął w wypadku lotniczym. To wydarzenie zmieniło wiele w moim życiu zawodowym – miałem zagrać Raskolnikowa w *Zbrodni i karze*. Ale teatr po odejściu Swinarskiego postawił nie na młodych zdolnych, tylko na starszych i sprawdzonych. Rolę Raskolnikowa dostał Trela, a ja dostałem… halabardę.

Ale zostałeś aktorem najlepszego teatru w Polsce!

W Europie chyba. Wtedy Teatr Stary był legendą. Tam pracował Wajda, Swinarski, Jarocki, największe nazwiska! Mieszkałem u góry, tam gdzie Jurek Bińczycki i wcześniej Konrad Swinarski, w pokoju po Jurku Radziwiłowiczu. Siennik na podłodze, bo wtedy nie było jeszcze materaca… i to wszystko. Pamiętam, że jak jeździłem pociągiem do Torunia, to mistrzostwem świata było „mimowolne" pochwalenie się, że mam

51

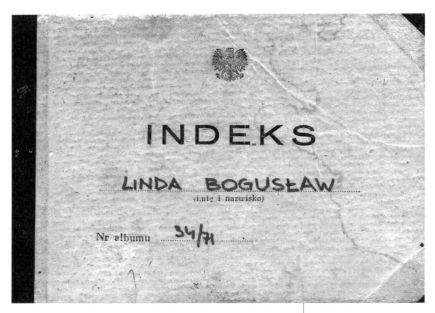

biała legitymację Teatru Starego.
Na kobietach robiło to ogromne
wrażenie.

**Dobrze pamiętam, jak wielkim
przeżyciem była dla mnie wyprawa
do Teatru Starego na *Dziady*
Swinarskiego. Może, myśląc
o młodych ludziach, trzeba dodać,
że też Adama Mickiewicza.**
Na *Dziady* nigdy nie można było dostać biletów. Pamiętam zapisy na
bilety i to, że czekało się na nie
ponad pół roku! A ja wtedy właśnie
mieszkałem tuż nad sceną teatralną
i słyszałem często, jak Jurek Trela mówił *Wielką Improwizację*. To

1971
Zostaję studentem
Państwowej Wyższej
Szkoły Teatralnej
im. Ludwika Solskiego
w Krakowie.

było niesamowite. I pamiętam,
jak kiedyś, chyba przed wyjaz-
dem do Londynu, oni zagrali te
Dziady w kościele Dominikanów
w Krakowie. I Trela mówił *Wielką Improwizację* zwrócony do
ołtarza. I wszyscy zakonnicy,
którzy tam byli, zaczęli klękać
i modlić się za niego. Niesamowite przeżycie! *Dziady* to był
dla mnie w ogóle szok kulturo-
wy. Przewróciły moje myślenie
o teatrze.

**Moje chyba też. Pojechałam na nie
w siedemdziesiątym trzecim i po
raz pierwszy zobaczyłam Jurka
Trelę grającego Konrada i Jurka
Stuhra w roli Belzebuba... Pamiętam
także, że w przerwie podeszli do
mnie dwaj mali chłopcy, którzy
śpiewali w chórze aniołów,
i to byli Grześ Turnau i Jacek
Wójcicki!**
Tak, tak. To były przeżycia.
Wspominam niekiedy o tych czasach
moim studentom i oni słuchają
tego jak bajki o żelaznym wilku.
Opowiadam, jak z mojego pokoiku
nad sceną szło się do kibla i tam
były takie małe wykuszowe okna
wybiegające na widownię, i kiedy
szedłem się wysikać albo wyrzy-
gać, słyszałem na przykład wspaniałą muzykę Zygmunta Koniecz-
nego. Każde wyjście do kibla
to było wtedy coś!

53

14	PAŃSTWOWA WYŻSZA SZKOŁA TEATRALNA IM. LUDWIKA SOLSKIEGO W KRAKOWIE		

Imię i nazwisko _Bogusław Linda_

Rok studiów _I_   Rok szkolny 19_71_ /_72_

Nazwisko wykładającego	Rodzaj zajęcia i nazwa przedmiotu	Liczba godzin tygodniowo	
		w.	ćw.
prof. E. Fulde	Elementarne zadania aktorskie		4
doc. K. Meyer	Wiersz i recytacja estradowa		4
doc. M. Kościałkowska	Proza		4
doc. R. Stankiewicz	Rymowa		4
L. Kukawska	Impostacja głosu		4

Czy ja się nie przesłyszałam, czy powiedziałeś o womitowaniu?! Tak bardzo piłeś?

Wszyscy pili. Wtedy nie było zwyczaju, że aktor po spektaklu szedł do domu. Wszyscy szli do SPATiF-u ochłonąć, wyluzować. To było w jakimś sensie konieczne dla zdrowia psychicznego. I wszyscy siedzieli i odreagowywali emocje. Każdy teatr miał swoje stoliki, bo była hierarchia. Na głównym miejscu siedział zawsze Wiktor Sadecki, który raczej nie bywał trzeźwy,

1971
Jak widać, uczę się całkiem przyzwoicie. Przynajmniej dobrze zaczynam.

15

Semestr *drugi*

Zaliczenie			Egzamin				Zaliczenie semestru podpis dziekana i pieczęć
Ocena	Data	Podpis	Ocena		Data	Podpis	
			cyfr.	słowna			
zal	30.*V* 72		3+	dost+	30.*V* 72		
zal.	30 *V* 72	Plucys	3	dost	2.*VI*	Plucys	
zal	27 *V* 72	Rosieński	4	dobre	27 *V* 72	Rosień	
zal.	29.*V* 72	Stal	3	dost	29.*V* 72	Stal	
zal	25.*V* 72	Ihl	3	dostat	29 *V* 72	Ihl	

a my, młokosy, po bokach. Nasz stolik był, jak się wchodziło, pierwszy po lewej. A na przykład teatr Bagatela siedział w kącie przy oknie, a Słowacki mniej więcej na środku.

A gdzie był SPATiF w Krakowie?
Na placu Szczepańskim, przylegał do Teatru Starego.

Tam, gdzie teraz jest Maska?
Trochę dalej, tam, gdzie teraz są biura. Bliziutko. Wychodziło

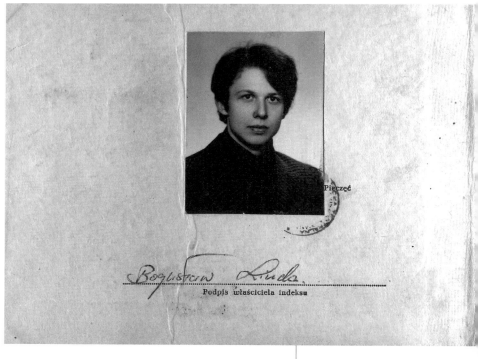

Pieczęć

Podpis właściciela indeksu

się z bramy i od razu był SPATiF. Jak się mieszkało na terenie teatru, do łóżka nie było daleko. Jurek Bińczycki miał swojego przyjaciela szczura. Na tym podwórzu, gdzie Swinarski robił *Dziady*. Tam właśnie, w śmietniku, mieszkał zaprzyjaźniony szczur Binia. I jak Binio był pod lekką datą, to ten szczur odprowadzał go przez podwórko do drzwi prowadzących na czwarte piętro, na strych. Żeby się nie bał.

1971
Indeks szkoły teatralnej był wtedy właściwie jedyną drogą, żeby zostać aktorem.

PAŃSTWOWA WYŻSZA SZKOŁA TEATRALNA IM. LUDWIKA SOLSKIEGO
W KRAKOWIE   1

Wydział _AKTORSKI_   DZIEKANAT
                        WYDZIAŁU AKTORSKIEGO
Nr alb. _34/71_   PAŃSTWOWEJ WYŻSZEJ SZKOŁY TEATRALNEJ
                            w Krakowie

INDEKS

BOGUSŁAW
                    Imiona
LINDA
                    Nazwisko
Imię ojca _LUDWIK_   ur. dn. _27 CZERWCA_ 19_52_ r.
w _TORUNIU_   pow.

_____Rektor_____   _Pieczęć_   _____Dziekan_____

KRAKÓW , dn. _1 PAŹDZIERNIK_ 19_71_ r.

To szczur wiedział, kiedy on jest pod lekką datą?!

Nie takie rzeczy wiedzą szczury. On odprowadzał przyjaciela i potem wracał na swoje śmieci.

Szczur anioł stróż.

A Wiktora Sadeckiego pilnowała z kolei żona Melania. Była suflerką. Po przedstawieniu, jak wracali już po kolacji w SPATIF-ie z takim Julem Grabowskim, aktorem, to stawiała im na stole z widocz-

57

ną niechęcią pół litra, żeby mogli się dopić, oni się dopijali, za jej zdrowie, a ona prychała, że to niby takie niedobre, co pija, ale jak mus to mus. Wiedziała, że gdyby nie kupowała tego alkoholu, piliby gdzie indziej i więcej.

Czyli pani Melania była ich aniołem stróżem. Bogusiu, co tu owijać w bawełnę, wpadłeś w pijane towarzystwo. A przyjaźniłeś się z którymś z nich?
Nie... Ja byłem szczylem przy nich... Za wysokie progi. Ale było z kogo brać przykład.

Ale na scenie byliście trzeźwi?
Raz zdarzyło mi się dostać reprymendę od dyrektora Gawlika. Graliśmy *Warszawiankę* Wyspiańskiego, poranny spektakl dla młodzieży szkolnej, a ja pokłóciłem się w nocy z jakąś narzeczoną i nie byłem trzeźwy. I tylko pamiętam nad sobą głowę dyrektora Jana Pawła Gawlika i jego krzyk: „To skandal, pan już nigdy tutaj nie zagra żadnej roli!". A ja nieprzytomny, niestety... zraniony uczuciowo... Niedługo potem, na szczęście, otrzymałem propozycję z Teatru Polskiego we Wrocławiu, od dyrektora Piotra Paradowskiego, który robił z nami dyplom, żebym zagrał Hamleta. I odszedłem. Wtedy jako jedyny chyba zrezygnowałem z etatu w Teatrze Starym.

1971
Może później.
Szkoła teatralna, zdaję
egzamin z piosenki.
Nie lubiłem tego.
Ale zdać musiałem.

Czyli ostatecznie to nie dyrektor Gawlik wyrzucił cię za pijaństwo?
Najpierw tak... ale jak powiedziałem, że chcę odejść, to prosił, żebym został, obiecywał role, chciał mnie podwieźć samochodem i zaprzyjaźnić się. Ale ja byłem zraniony i upokorzony tym, że nic nie gram, i powiedziałem: „Panie dyrektorze, dwa lata trzymania halabardy wystarczą. Marnieję, piję i tracę najlepsze lata". I poszedłem sobie.

A czy wtedy to granie było dla ciebie wszystkim, czy ważniejsze było na przykład to, że jesteś zakochany w jakiejś kobiecie?

1971
Ten sam egzamin ze
śpiewania. Dostałem
czwórkę, zaśpiewałem
Rycerza Mściwoja.

Granie nigdy nie było dla mnie
wszystkim, z kobietami byłem wie-
loma, więc to nie miało aż tak
wielkiego znaczenia.

To co było istotne?
Pęd do życia, ciekawość następnego
dnia. Móc dalej robić coś ciekawe-
go. Akcja, przygoda!

**Marzyłeś o tym, żeby jakiś sławny
reżyser filmowy zauważył cię
wreszcie?**
No pewnie. Ale musiałem na to po-
czekać jakieś sześć, siedem lat.
A tymczasem grałem w teatrze i studiowałem zaocznie reżyserię. Bo

pomyślałem sobie, że jeżeli do trzydziestego roku życia nie stanę się kimś znaczącym w tym zawodzie, to trzeba będzie zostać reżyserem, bo kompletnie nie ma sensu być nikim poniżej… Chodziłem do kin i teatrów i zrozumiałem wtedy wreszcie, dzięki temu kuzynowi z Ameryki, co mnie tak drażni w polskim aktorstwie…

Co?
To, że ono było właściwie teatralne. Nawet najlepsi aktorzy mówili w filmie tak, aby ich było słychać w siódmym rzędzie teatru. To mieli wtedy wszyscy. Tylko Ryszard Filipski grał inaczej.

I chyba jeszcze Zbyszek Cybulski?
Zbyszek był naturszczykiem, a jedynym aktorem filmowym, który mi imponował, był Ryszard Filipski. Niestety, zaplątał się potem w politykę. Wspaniały, niewykorzystany aktor.

A jak się nazywają twoi ulubieni aktorzy?
Marlon Brando, Clint Eastwood, Robert de Niro, James Dean…

Nie grają do siódmego rzędu…
No dobrze, opowiadajmy dalej. W teatrze we Wrocławiu nastaje wreszcie twój czas. Jak się tam czujesz?

61

1972
Albo coś koło tego.
Wakacje na łódce.
Pływałem głównie sam.

Świetnie! Wrocław był wtedy zajebistym miastem.

Tylko wtedy jeszcze nie znano określenia zajebisty, ale faktycznie był…

62

1972
Mniej więcej.
Z kolegą z liceum, Remikiem.
Może ta butelka tam jeszcze leży?

Pantomima Henryka Tomaszewskiego, Jerzy Grotowski, Teatr Współczesny Brauna, Teatr Polski, opera, taniec...

Europa.
To było wtedy miasto tętniące życiem. Miałem szczęście, bo Kraków już przymierał.

I jak zagrałeś tego Hamleta, to po raz pierwszy dziewczyny oszalały gremialnie? Chodziły po kilka razy na przedstawienie?
Może i coś takiego się zdarzało. Ale krytycy byli oburzeni, bo ja już wtedy wrzucałem swoją metodę gra-

1973
Choć głowy nie daję. Szkoła teatralna. My, studenci, bierzemy udział w nagraniu jakiegoś programu telewizyjnego. Z nami nasza profesor – pani Marta Stebnicka.

1975
Przedstawienie
dyplomowe – *Szewcy*
Witkacego. Reżyseria
Maciej Prus.

nia nieteatralnego i bardzo ży-
wiołowego. Krytycy oburzeni, ale
młodzież zachwycona. A potem ten
teatr przejął Jerzy Grzegorzewski i trzy lata u niego grałem. I dzięki niemu właściwie
zostałem zauważony przez reżyserów filmowych – Andrzeja Wajdę
i Agnieszkę Holland.

Jak to było?
Zagrałem w *Ameryce* Grzegorzewskiego, potem w *Koczowisku* Łubieńskiego, w reżyserii Tadeusza
Minca. I wtedy wszyscy mówili
o tych przedstawieniach, Andrzej
Wajda i Agnieszka Holland przy-

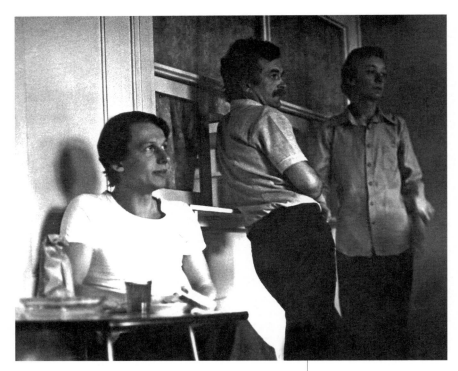

szli za kulisy i dziwili się,
że to po prostu niespotykane, żeby
można było w ogóle tak zagrać.
To zresztą miało potem swoje remi-
niscencje w filmie *Gorączka*. Operator na planie wyszedł zza kamery,
jak grałem jakąś scenę, i zapytał
reżysera: „Agnieszka, no co on,
kurwa, gra, przecież tak się nie
gra?!".

Agnieszka co na to?

„Daj mu tak zagrać. Zobaczymy".
Ona rozumiała, o co mi chodzi.

1976
Bufet teatralny
w Krakowie. Być może
jestem jedynym aktorem,
który zrezygnował
z pracy w legendarnym
i słynnym w całej Europie
krakowskim Teatrze
Starym. Ale czułem się
tam bardzo samotny.

1978
Przeprowadzając się
do Wrocławia, podjąłem
dobrą decyzję. To było
wtedy miasto tętniące
życiem.

TEATR POLSKI
ul. G. Zapolskiej 3
50-032 Wrocław

(pieczęć nagłówkowa zakładu pracy)

Wrocław, dnia 25 kwietnia 1977

(miejscowość i data)

UMOWA O PRACĘ

zawarta w dniu .... 25 kwietnia 1977 ....

(data zawarcia umowy)

pomiędzy ...... Teatrem Polskim we Wrocławiu ul. G.Zapolskiej 3 ....

(nazwa i siedziba zakładu pracy)

zwanego dalej zakładem pracy, reprezentowanym przez

Obywatela(kę) ..... dyrektora mgra Mariana Wawrzynka ....

(imię i nazwisko, stanowisko)

a Obywatelem(ką) ...... Bogusławem Linda zam. Toruń ul.Popiela 9 m 12

(imię i nazwisko, adres)

Zakład pracy zatrudnia Obywatela(kę) ... Bogusława Linda ....

....

(w miarę potrzeby podać nazwę komórki organizacyjnej)

na czas określony od 1 września 1977r. do 31 sierpnia 1978r.

(okres próbny, okres wstępny, czas nieokreślony, czas określony, czas wykonania określonej pracy – podać jakiej. W przypadku zastrzeżenia wypowiedzenia umowy o pracę zawartej na czas określony dłuższy niż 6 miesięcy – należy to zaznaczyć)

w wymiarze .... całego etatu ....

(w przypadku niepełnego wymiaru czasu pracy – podać ten wymiar)

i powierza mu obowiązki ...... aktora ....

(stanowisko wg taryfikatora kwalifikacyjnego – tabeli płac)

Obywatel(ka) obowiązany(a) jest zgłosić się do pracy w dniu ...... 1 września 1977r.

W czasie trwania umowy o pracę Obywatel(ka) będzie otrzymywał(a) wynagrodzenie płatne w sposób i na warunkach przewidzianych ...Zał.Nr.2 do UZP Tabela stanowisk i płac Lp.9

(przepisy o wynagrodzeniu – układ zbiorowy pracy)

a mianowicie:
grupa zaszeregowana - 10.Miesięczna

1) stawka płacy zasadniczej – wynagrodzenie uposażenie ilość przedstawień – 11. Stawka za występ ponadnormowy - 200.- zł.

(podać kategorię zaszeregowania - grupę wynagrodzenia - uposażenia)

3.100.- zł (słownie zł) ...... trzy tysiące sto

2) grupa i stawka dodatku funkcyjnego specjalnego ....

w wysokości ...... zł (słownie zł) ....

3) premie i dodatki na zasadach i warunkach określonych w przepisach o wynagrodzeniu, układzie zbiorowym pracy ....

(podać odpowiedni akt prawny, układ zbiorowy pracy, a jeżeli dodatek ma charakter stały podać kwotę dodatku)

podpis

podpis kierownika zakładu pracy
lub upoważnionego pracownika

Oświadczam, że egzemplarz niniejszej umowy otrzymałem(am) i po zapoznaniu się z jej treścią zaproponowane mi warunki pracy i wynagrodzenia przyjmuję. Równocześnie przyjmuję do wiadomości treść obowiązującego w zakładzie regulaminu pracy i oświadczam, że zobowiązuję się do przestrzegania porządku i dyscypliny pracy. Ponadto oświadczam, że znane mi są przepisy dotyczące naruszenia tajemnicy państwowej i służbowej zawarte w art. 260 264, w związku z art. 120 § 15 i 16 ustawy z dnia 19 kwietnia 1969 r. Kodeks karny (Dz.U. Nr 13, poz. 94).

podpis

data i podpis pracownika

podpis

podpis przyjmującego oświadczenie

**To znaczy, że od początku
proponowałeś swoje rozwiązania?**
Chyba tak to wyglądało... byłem
upierdliwy. Niełatwo się ze mną
pracowało. Ale to dochodzi do mnie
dopiero teraz.

**Bo wtedy uważałeś, że to oni są
trudni i upierdliwi...**
(śmiech) Wtedy tak właśnie myślałem.

**I twoim pierwszym filmem była
Gorączka Agnieszki?**
Nie, *Punkt widzenia* – siedmiood-
cinkowy serial, który zrobiłem
z Januszem Zaorskim. On nauczył
mnie rzemiosła, bo pracowaliśmy
przez cały rok i grałem główną
rolę. Potem była *Gorączka*, *Kobieta
samotna*, *Matka Królów*, *Przypadek*.

**To wielkie role w wielkich filmach.
Stałeś się aktorem numer jeden!
Miałeś szczęście!**
Szczęście i nieszczęście, bo te
wszystkie filmy poszły na półki, to
znaczy nie puściła ich do kin cen-
zura. W tak zwanym apogeum miałem trzynaście filmów na półkach.
Aż śmiano się i mówiono, że jak
ja w czymś zagram, to to na pewno
pójdzie na półki.

Ale jednocześnie grałeś w teatrze?
Tak.

1977
Propozycja pracy
w Teatrze Polskim
we Wrocławiu przyszła
– jak to się mówi
– w dobrym momencie.

68

I jakim cudem miałeś na to wszystko czas i siłę? Bo paliłeś trawę, piłeś, byłeś hipisem. Jak to zły chłopiec. Nie zawaliłeś niczego?

Nie. Nigdy.

Może dlatego, że cię dziadkowie zabierali co roku na dwa miesiące na łono natury.

Genetycznie też byłem dobrze ustawiony. Do tego sporty: judo, boks…

I to pewnie sport sprawił, że miałeś układ nerwowy w porządku. Bo niektórzy aktorzy są jednak pierdolnięci. Taka cena zawodu pełnego huśtawek emocjonalnych.

1979
Gram Rawskiego
w *Koczowisku* Tomasza Łubieńskiego w reżyserii Tadeusza Minca, Teatr Polski, Wrocław.

1979
W roli Hansa Castorpa w przedstawieniu Piotra Paradowskiego według *Czarodziejskiej góry* Thomasa Manna na deskach wrocławskiego Teatru Polskiego.

Sport mnie próbował ratować. Bo w sportach walki musisz mieć zdrową psyche. Nie możesz dać się ponieść emocjom, co mi zresztą potem przeszkadzało w aktorstwie, bo tam trzeba właśnie im ulec. A sport mnie nauczył, że żeby komuś przyp..., to muszę być spokojny, zdystansować się, wiedzieć, w którym momencie przyłożyć. I myślę, że coś takiego mi potem zostało podczas budowania roli.

Że patrzyłeś, kiedy przyłożyć, ani wcześniej, ani później?

Dokładnie! I tak to nawet nazywam. Kiedy przyłożyć. I te-

raz uczę tego studentów... Widzisz, uzmysłowiłaś mi to teraz. Ja używam takiego określenia, a wziąłem je z boksu.

No dobrze. Grasz, przykładasz, kiedy trzeba, wszyscy się tobą zachwycają, ale ludzie nie widzą tych filmów, bo takie straszne są w Polsce czasy. Odważne filmy leżą na półkach.
Ale całe to podziemie, cała Warszawka, ogląda je w wytwórni filmowej na Chełmskiej, na zamkniętych pokazach...

Ale to było tylko sto osób...
Tak, ale sto najważniejszych osób. Elita intelektualna kraju.

I dlatego zamiast masowej popularności miałeś kultową sławę... Wszyscy ważni o tobie mówili.
Magda, ja wtedy przez sześć lat nakręciłem trzynaście filmów i żaden z nich nie pokazał się w kinach. To było trudne do zniesienia, bo to naprawdę ważne filmy.

Od początku byłeś aktorem, który myśli o tym, co chce ludziom powiedzieć?
Nie. Ja myślałem o tym, co film ma ludziom powiedzieć.

No... to właśnie mam na myśli.

1979
Jako Hans Castorp, bohater *Czarodziejskiej góry* Thomasa Manna. Teatr Polski, Wrocław.

73

Ale to nie to samo. Są aktorzy, którzy myślą tylko o tym, co oni mają do powiedzenia. A ja uważam, że to, w czym biorę udział, jest najważniejsze. I mam temu inteligentnie służyć.

Czyli myślisz o tym, żeby służyć ważnym sprawom, a nie błyszczeć na ich tle.
Tak. Ja jestem trybikiem. Ważnym, ale tylko trybikiem. Zawsze mam tego świadomość.

1977
Rola *Hamleta*.
Już wtedy wiedziałem, że to, co najbardziej mnie denerwuje w teatrze, to teatralne granie.

1977
Scena z *Hamleta* Williama Szekspira w reżyserii Piotra Paradowskiego, Teatr Polski, Wrocław.

Czyli czułeś się odpowiedzialny za całość. Jak reżyser.

Jak odpowiedzialny aktor... Polegało to na przykład na tym, że siadaliśmy z Krzyśkiem Kieślowskim w czasie pracy nad *Przypadkiem* i każdego wieczoru poprawialiśmy dialogi. Z Januszem Zaorskim przy *Matce Królów* i *Punkcie widzenia* pisaliśmy nowe sceny i przepisywaliśmy dialogi. Po prostu uważałem, że na tym polega praca aktora filmowego.

1985

Warszawski Teatr Studio, *Przedstawienie pożegnalne* Pétera Müllera w mojej reżyserii. Zrealizowana z rozmachem sztuka o mocno antykomunistycznej wymowie. Był basen z wodą, która udawała Morze Tyrreńskie. Puszczałem samoloty z żywymi ludźmi, którzy strzelali z pistoletów maszynowych nad widownią, lecąc nad nimi z zawrotną prędkością.

1980
Teatr Współczesny w Warszawie,
Pastorałka Leona Schillera w reżyserii
Macieja Englerta.

Państwowa Wyższa Szkoła Teatralna im. Ludwika Solskiego
w Krakowie

TRZY WSPÓŁCZESNE INSCENIZACJE "KORDIANA" JULIUSZA SŁOWACKIEGO

Praca magisterska Bogusława Lindy
pod kierunkiem
doc. Zbigniewa Siatkowskiego

KRAKÓW 1975

- 2 -

"Kordian" Juliusza Słowackiego ukazał się na scenie polskiej dopiero w roku 1899, kiedy takie dramaty jak "Mazepa",
"Balladyna", "Maria Stuart", "Złota Czaszka", "Lilla Weneda",
"Fantazy", "Książę Niezłomny", "Beatrix Cenci" i "Mindowe" -
na stałe zadomowiły się już na scenach teatrów. Warunki poli-
tyczne oraz charakter dzieła - wedle ówczesnej opinii nadającego
się jedynie do lektury - sprawiły, że prapremiera "Kordiana" od-
była się w 65 lat po narodzinach utworu i w 50 lat po śmierci
poety.

"A więc stanowczej trzeba było decyzji, wiele odwagi i upo-
ru ze strony człowieka, który doprowadził do pierwszej teatralnej realizacji dramatu "niescenicznego". Człowiekiem tym był /...
Józef Kotarbiński, dramatem - Kordian"[1.] Odwagi tym większej,
że żadna z ówczesnych polskich scen (w tym również scena krakowska) nie dysponowała niezbędnym zapleczem technicznym, koniecz-
nym do inscenizacji dramatu romantycznego.

Kotarbiński obalił mit o niesceniczności dramatu "Kordian".
W 60 lat później Zbigniew Raszewski w artykule "Słowacki i Mickiewicz wobec teatru romantycznego" udowodnił, że dramat ten był
z całą pewnością pisany na scenę, ale na scenę francuskiego teatru bulwarowego w rodzaju "Cyrku Olimpijskiego". Teatr ten dyspo-
nował urządzeniami technicznymi, których polskie sceny nie posia-
dają do dzisiejszego dnia. Tak więc didaskalia "Przygotowania"
mówiące o 10 tysiącach szatanów spadających z nieba, nie były
tylko tworem wyobraźni romantycznego poety. W świetle badań Ra-
szewskiego miały pełne szanse realizacji.

"Oparciem i pożywką dla ówczesnego kultu Słowackiego stały
się między innymi poglądy przedstawione w książce Ignacego Matu-
szewskiego pt. "Słowacki a nowa sztuka". Praca ta ciesząca się

- 3 -

ogromną popularnością, wykazywała zbieżności między twórczością
Słowackiego a prądami literackimi Młodej Polski, czyniąc z poety
prekursora modernizmu. Tego rodzaju argumentacja mogła wówczas
najskuteczniej działać na korzyść artysty"[2.])

W takich to okolicznościach przystępował Józef Kotarbiński do
realizacji "Kordiana".

   "Posiadamy późniejszą (z 1927 roku), ale bardzo ciekawą
i jasną relację samego Kotarbińskiego o założeniach jego inscenizacji: "Według mnie, poemat ten, podobnie jak wielkie tragedie
Szekspira, opiera się na ujętej dramatycznie, stanowiącej mocny
kościec dzieła jednej osobistości. Bohater poematu jest skupie-
niem romantycznego rewolucjonisty, marzyciela, entuzjasty, który pada pod brzemieniem podjętego nad siły zadania. W tym duchu
oparcia całości o główną postać, opracowałem na scenę tekst poematu, który musiał ulec skrótom i redukcjom". Z tekstu tego opuś-
cił Kotarbiński: Przygotowanie, Prolog, bajkę o Janku, epizod
londyński, scenę w Watykanie, część monologu na Mont Blanc, ko-
ronację, szpital. Ideologia przedstawienia była więc konsekwentna
i jasna: "Kordian" to utwór wypełniony dziejami głównego bohatera, jako wyraziciela romantycznego rewolucjonizmu."[3.])

   "Publiczność przyjęła przedstawienie entuzjastycznie ...
Spektakl stał się manifestacją patriotyczną... Po raz pierwszy
niemal od stu lat - ukazało się oczom widzów wojsko polskie...
I mimo wszelkich braków tej pierwszej inscenizacji, mimo prymi-
tywnych dekoracji (szczyt Mont Blanc trzeszczał niebezpiecznie
pod stopami Kordiana, który głową dotykał obłoków z dykty, a nie
dość liczne szeregi wojska polskiego na placu Saskim uzupełnił
ferm z wymalowanymi żołnierzami ustawiony za dwoma rzędami sta-
tystów) "Kordian" pokazany przez Kotarbińskiego tak porwał wi-

- 4 -

downię, tak poruszył jej patriotyczne uczucia, jak mógł tego
pragnąć sam Słowacki"[4.)]

Aktorzy: Ludwik Solski (który również reżyserował to przedstawienie) jako Prezes spiskowców, Władysław Roman w roli Księcia
Konstantego, Leon Stępowski w roli Grzegorza, Konstancja Bedna-
rzewska jako Laura, Maria Przybyłko w roli Violetty.

"Prawdziwym bohaterem wieczoru był Michał Tarasiewicz wy-
konawca roli tytułowej... Najsłabszą stroną krakowskiego przed-
stawinia była oprawa plastyczna, choć dyrekcja zaprosiła do współpracy znanego malarza, Włodzimierza Tetmajera. Mimo całej trosk-
liwości, jaką otoczono spektakl, nie doceniono wagi tej sprawy
i tylko parę scen otrzymało nowe dekoracje (między innymi wspom-
niana już scena na placu Saskim, będąca powiększoną kopią obrazu
Jakuba Rosena) poza tym wybrano co się dało z magazynów"[5.)]

W roku 1909 w Poznaniu - stolicy zaboru pruskiego - dyrektor
polskiego teatru Andrzej Lelewicz zmuszony był ograniczyć się do
wystawienia II aktu "Kordiana", który dzięki akcentom antycarskim
mógł liczyć na poparcie cenzury, ze względu na ówczesny kurs nie-
mieckiej polityki. Bodźcem mobilizującym teatry na wszystkich
ziemiach polskich do szczególnie troskliwego zajęcia się twórczością autora "Kordiana" był także podwójny jubileusz: urodzin
i zgonu poety, przypadający na rok 1909. 28 I 1916 roku, na scenie Teatru Polskiego zobaczyła Warszawa po raz pierwszy "Kordiana". Spektakl reżyserował Józef Sosnowski, scenografię przygoto-
wał Karol Frycz, w roli tytułowej wystąpił Józef Węgrzyn.

W tym samym czasie w teatrze kijowskim pod dyrekcją Stanisława Rychłowskiego gra Kordiana druga sława polskiego teatru -
Juliusz Osterwa.

24 maja 1924 roku - krakowska prapremiera "Kordiana" w in-

- 5 -

scenizacji Teofila Trzcińskiego. Reżyser "... ograniczony nie-
dostatkiem środków materialnych jak i technicznych, przeważającą
część odsłon "Kordiana" (a ilość ich zwiększył z 10 wprowadzo-
nych przez Kotarbińskiego do 19, opuszczając z całego poematu
tylko Przygotowanie, pożegnanie z Violettą i scenę z Dover),
pokazał na tle kotar, które miały stać się popisem kunsztu his-
toryzacji. Na największą uwagę zasłużyła pod tym względem scena
koronacji mogąca nieomal stanowić lekcję historii. ... Efekty
scenograficzno-inscenizacyjne natarczywie narzucały się tu uwa-
dze widzów, rywalizując niepotrzebnie z tekstem, nie zacierały
go jednak w taki sposób, jak podczas monologu Kordiana na Mont
Blanc. W tej scenie posunięto się tak daleko w dążeniu do stwier-
dzenia naturalistycznego obrazu, że słowa bohatera zagłuszał huk
piorunów, a końcowy okrzyk "Polacy!!!" mógł rozlec się dopiero
wówczas, gdy - po paraminutowej przerwie, potrzebnej na zmianę
dekoracji - ukazała się na scenie panorama Warszawy."[6.]

W czerwcu 1927 roku sprowadzono do Polski i pochowano na
Wawelu prochy Juliusza Słowackiego. Tego roku odnotowujemy dwie
warszawskie inscenizacje "Kordiana". W Reducie kierowanej przez
Juliusza Osterwę, oraz na Rynku Starego Miasta w inscenizacji
i reżyserii Leona Schillera. Przedstawienie to, złożone z fragmentów "Kordiana" i "Księdza Marka" zobaczyła Warszawa 27 VI 1927
roku.

W setną rocznicę zrywu wolnościowego, tak Osterwa jak i Schil-
ler ponownie wracają do problematyki powstania listopadowego.
W Warszawie w Teatrze Narodowym przedstawienie reżyseruje Juliusz
Osterwa, który gra również rolę tytułową. Scenografię projektuje
Wincenty Drabik.

Realizacją, która na trwałe zapisała się w dziejach teatru

polskiego była inscenizacja Leona Schillera na scenie Teatru
Wielkiego we Lwowie 29 listopada 1930 roku oraz w Teatrze Polskim w Warszawie 2 października 1935 r. Drobne różnice między
tymi przedstawieniami wynikały głównie z rocznicowego charakteru pierwszego z nich. Tak więc, mimo innej obsady aktorskiej, można mówić o jednym w zasadzie Schillerowskim opracowaniu "Kordiana". Ideologię tego przedstawienia określił jeden z uczniów
Schillera, Józef Kuroczycki w "Przeglądzie Współczesnym" z 1937
roku: "Chcąc dostosować dramat Słowackiego do własnej koncepcji
ideowej i do teatralnej koncepcji Mickiewicza, musiał Schiller
... przesunąć pewne akcenty w samym dramacie literackim i w tym
celu położył cały nacisk nie na jednostkowego bohatera dramatu,
ale na pozostającą na drugim planie zbiorowość i dopiero na jej
tle postawić bohatera"

"Lud na Placu Zamkowym, czy w scenie egzekucji - nie skła-
dał się z poszczególnych jednostek odrębnie się zachowujących,
lecz był bohaterem zbiorowym, miał swój własny, potężny, zwielo-
krotniony gest, zdawać się mogło, że ożywia go wspólne tchnienie,
że pulsuje w nim tętno... Prawdzie ideowej i artystycznej utworu
służyła bezbłędnie logiczna konstrukcja przedstawienia, wiążąca
w jednolitą całość wszystkie sceny. Plastycznym wyrazem tej jed-
ności było zachowanie pewnych stałych elementów scenograficznych
od początku do końca spektaklu, przede wszystkim podziału sceny
na dwie płaszczyzny zasadnicze i trzecią pomocniczą, połączone
schodami. Takie rozplanowanie przestrzeni scenicznej służyło
skonstruowaniu przeciwstawnych terenów działania, jak np. piekło
- niebo, niebo - ziemia, czy Katedra św. Jana i jej loch podziem-
ny. Poszczególne miejsca akcji sygnalizowano umownie: wąskim wy-
cinkiem krajobrazu, jakimś sprzętem, pojedynczym elementem archi-

- 7 -

tektonicznym (np. kolumna Zygmunta bez żadnych detali oznaczała plac Zamkowy w Warszawie). To uproszczenie, zsyntetyzowanie scenografii (przygotowanej przez Stanisława Jarockiego) dawało nie tylko znakomite efekty artystyczne, ale również umożliwiało wystawienie wszystkich odsłon dramatu, gdyż usuwało trudności techniczne powodowane poprzednio koniecznością zmian skomplikowanych dekoracji. Po raz pierwszy rozpoczęto dramat od "Przygotowania"... W "Przygotowaniu" pokazanym w Teatrze Polskim przesunął się przez scenę także tłum więźniów idących w ciągu wieku na Sybir."[7.]

W Krakowie "Kordian" pojawia się ponownie na afiszu 25 listopada 1933 roku, w reżyserii Juliusza Osterwy. Był on również wykonawcą głównej roli. Scenogragię projektował Wincenty Drabik.

2 listopada 1945 r. - "Kordian" w Teatrze im. J. Słowackiego w Opolu. Reż.: S. Staśko, scen.: M. Łańcucki.

28 listopada 1946 r. - "Kordian" w Teatrze Miejskim w Sosnowcu. Reż.: R. Wasilewski, scen.: W. Makojnik.

23 stycznia 1947 r. - "Kordian" w Teatrze Wielkim w Częstochowie. Reż.: R. Wasilewski, scen.: W. Makojnik.

W roku 1956 po dwudziestoletniej niemal przerwie, dwudziestoletniej, nie licząc trzech mało znaczących realizacji - wszedł "Kordian" na dwie od razu sceny: Teatru Narodowego w Warszawie i teatru im. J. Słowackiego w Krakowie. Warszawa zobaczyła "Kordiana" w reżyserii Erwina Axera (przy współpracy Jerzego Kreczmara) w oprawie plastycznej Władysława Daszewskiego. Muzyką zajął się Zbigniew Turski. Postać tytułową grał Tadeusz Łomnicki. Premiera 22 kwietnia 1956 roku.

W Teatrze im. Juliusza Słowackiego w Krakowie reżyserował dramat Bronisław Dąbrowski. Opracowanie dramatyczne Kazimierza Wyki. Scenografia Andrzeja Pronaszki. Muzyka Stefana Kisielew-

- 8 -

skiego. Kordiana grali na zmianę Ryszard Pietruski i Tadeusz Szybowski. Premiera 6 maja 1956 roku.

3 października 1959 roku wystawia "Kordiana" Teatr Polski w Bydgoszczy. Reżyseria: Hugon Moryciński, scenografia: Stanisław Bąkowski, muzyka: Zbigniew Turski, Kordian: Zdzisław Jóźwiak.

13 grudnia 1959 roku premiera "Kordiana" w Teatrze Śląskim im. Stanisława Wyspiańskiego w Katowicach. Reżyseria: Jerzy Kaliszewski, scenografia: Wiesław Lange, muzyka: Jan Krenz, Kordian: Stanisław Niwiński.

20 czerwca 1960 roku - "Kordian" w Teatrze im. St. Jaracza w Łodzi. Inscenizacja i reżyseria: Jerzy Rakowiecki, scenografia: Józef Rachwalski i Iwona Zaborowska, muzyka: Augustyn Bloch, Kordian: Jerzy Walczak.

29 kwietnia 1961 roku - "Kordian" w Teatrze Polskim w Poznaniu. Reżyseria: Jan Perz (współpraca dramaturgiczna: Jerzy Ziomek), scenografia: Krzysztof Pankiewicz, ilustracja dźwiękowa: Bogdan Kiercz, Kordian: Andrzej Nowakowski.

16 stycznia 1962 roku - "Kordian" w Teatrze Polskim w Szczecinie. Reżyseria: Ryszard Sobolewski, scenografia: Janusz Werbechowski, muzyka: Ryszard Gardo, Kordian: Andrzej Kopiczyński.

14 lutego 1962 roku - "Kordian" w Teatrze Laboratorium 13 rzędów w Opolu. Scenariusz teatralny i realizacja: Jerzy Grotowski, kostiumy i rekwizyty: Lidia Mintycz i Jerzy Skarżyński, architektura: Jerzy Gurawski, Kordian: Zbigniew Cynkutis.

16 lutego 1964 roku - "Kordian" w Teatrze im. Aleksandra Węgierki w Białymstoku. Reżyseria: Jerzy Zegalski, scenografia: Ryszard Kuzyszyn, muzyka: Zbigniew Turski, Kordian: Krzysztof Ziembiński.

5 maja 1965 roku - "Kordian" w Teatrze Polskim w Cieszynie.

9

Reżyseria: Franciszek Michalik, scenografia: Władysław Cejnar, opracowanie muzyczne: Józef Przebinda.

5 czerwca 1965 roku - "Kordian" w Teatrze im. Stefana Żeromskiego w Kielcach. Inscenizacja: Andrzej Dobrowolski i Wojciech Krakowski, reżyseria: Andrzej Dobrowolski, scenografia: Wojciech Krakowski, muzyka: Mirosław Niziurski, Kordian: Aleksander Iwaniec.

16 listopada 1965 roku - "Kordian" w Teatrze Narodowym w Warszawie. Reżyseria: Kazimierz Dejmek, dekoracje: Kazimierz Dejmek przy współpracy Jana Krzewickiego (opracowanie plastyczne),i Wilhelma Staszewskiego (opracowanie techniczne), kostiumy: Aniela Wojciechowska, ilustracja muzyczna w wyborze i opracowaniu Jerzego Dobrzańskiego i Jacka Sobieskiego, praca nad słowem: Krystyna Mazur, Kordian: Wojciech Alaborski, Ignacy Gogolewski.

27 listopada 1965 roku - "Kordian" w Teatrze Polskim we Wrocławiu. Reżyseria: Krystyna Skuszanka i Jerzy Krasowski, scenografia: Jan Kosiński, kostiumy: Barbara Jankowska, muzyka: Tadeusz Baird, układ scen na Placu Zamkowym: Henryk Tomaszewski.

18 kwietnia 1968 roku - "Kordian" w Teatrze im. Wojciecha Bogusławskiego w Kaliszu. Reżysera: Alina Obidniak, scenografia: Władysław Wigura, muzyka: Ryszard Gardo, Kordian: Zbigniew Szczapiński.

14 października 1968 roku - "Kordian" w Teatrze Dolnośląskim w Jeleniej Górze. Inscenizacja i reżyseria: Tadeusz Kozłowski, scenografia: Ewa Mahlik, opracowanie muzyczne: Tadeusz Baird, Kordian: Ryszard Żuromski.

1 lutego 1969 roku - "Kordian" w Teatrze im. Wilama Horzycy w Toruniu. Reżyseria: Marek Okopiński, scenografia: Antoni Tośta, muzyka: Tadeusz Baird, kompozycja ruchu scen na Placu Zamkowym: Bohdan Głuszczak, Kordian: Witold Dębicki.

- 10 -

29 listopada 1969 roku - "Kordian" w Teatrze Nowym w Łodzi.
Reżyseria: Tadeusz Mina, scenografia: Marian Kołodziej, muzyka:
Andrzej Hundziak, układy ruchowe: Jan Uryga, Kordian: Andrzej May.

30 stycznia 1970 roku - "Kordian" w Teatrze Narodowym w Warszawie. Reżyseria: Adam Hanuszkiewicz, scenografia: Xymena Zaniewska i Mariusz Chwedczuk, muzyka: Andrzej Kurylewicz, Kordian:
Andrzej Nardelli.

6 października 1970 roku - "Kordian" w Teatrze im. Juliusza
Osterwy w Lublinie. Reżyseria: Adam Hanuszkiewicz, współpraca
reżyserska: Wojciech Zeidler, scenografia: Xymena Zaniewska i Mariusz Chwedczuk, muzyka: Andrzej Kurylewicz, Kordian: Sylwester
Woroniecki.

4 listopada 1970 roku - "Kordian" w Teatrze Ludowym w Nowej
Hucie. Opracowanie tekstu i reżyseria: Irena Babel, scenografia:
Barbara Stopka, muzyka: Krzysztof Meyer, Kordian: Zygmunt Józef-
czak.

28 listopada 1970 roku - "Kordian" w Teatrze im. Juliusza
Osterwy w Gorzowie Wielkopolskim. Inscenizacja i reżyseria: Krys-
tyna Tyszarska, scenografia: Janusz Bersz, Kordian: Kazimierz
Motylewski.

29 listopada 1970 roku - "Kordian" w Teatrze Ziemi Łódzkiej
w Łodzi. Reżyseria: Jan Perz, scenografia: Zenobiusz Strzelecki,
Kordian: Włodzimierz Tympalski.

5 grudnia 1970 roku - "Kordian" w Teatrze Ziemi Opolskiej
w Opolu. Układ tekstu i reżyseria: Stanisław Wieszczycki, scenografia: Wojciech Krakowski, Kordian: Mirosław Gawlicki.

11 marca 1971 roku - "Kordian" w Teatrze Polskim w Poznaniu.
Inscenizacja i reżyseria: Roman Kordziński, scenografia: Henryk
Regimowicz, muzyka: Ryszard Gardo, Kordian: Aleksander Iwaniec.

ZŁY CHŁOPIEC

- 11-

Czasy, w których żyjemy, to czasy nie nazwane jeszcze po imieniu. Czasy, w których trudno mówić o stylach, kierunkach sztuki. Nie wiemy, co po nas zostanie, a co odejdzie w zapomnienie.

Nie wiemy, które inscenizacje z tych budzących podziw, tych wstydliwie przemilczanych i tych "obrazoburczych" przejdą do historii jako piętno naszych dni. Ocenią to potomni.

Dlatego też, porównując trzy inscenizacje "Kordiana" Juliusza Słowackiego, nie ważę się na ich ocenę. Nie jest to i nie może być moim zadaniem. Chciałbym jedynie ukazać wieczną aktualność tego dramatu, jego wieloznaczność i kontrowersyjność.

Wybrałem trzy inscenizacje, nazywając je "współczesnymi". Lata wystawień nie grają tu roli. Chodzi o odkrywczość, o to słowo, które powoduje, że utwór żyjący tyle lat na deskach sceny, tyle razy powielany - do dzisiejszego dnia może być żywy i aktualny. A jako motto niechaj posłuży mi fragment eseju Wojciecha Natansona:

"Inscenizatorzy współcześni traktują "Kordiana" jako wielką symfonię, w której raz po raz jakiś muzyczny motyw wzbija się ponad inne, milknie lub cichnie na całe partie, dopuszcza inne akcenty, dźwięki i zabarwienia myślowe, aby znów ze zdwojoną siłą powrócić, apelując zarówno do świadomości i świeżości naszych wrażeń, jak i do nasyconej już poprzednimi przeżyciami pamięci. I w ten sposób ów motyw, nie eliminując innych zagadnień, nie upraszczając niczego i nie ograniczając, staje się nicią Ariadny w labiryncie jakim jest bogaty, wielobarwny utwór."8.)

12

Teatr Narodowy w Warszawie
Juliusz Słowacki "Kordian"
Reżyseria: Erwin Axer
     (przy współpracy Jerzego Kreczmara)
Oprawa plastyczna: Władysław Daszewski
Ilustracja muzyczna: Zbigniew Turski
     Kordian: Tadeusz Łomnicki

Premiera: 22 kwiecień 1956 rok.

ROZDZIAŁ III

W JEDNYM OKU KWIATY,
W DRUGIM KOBIETY

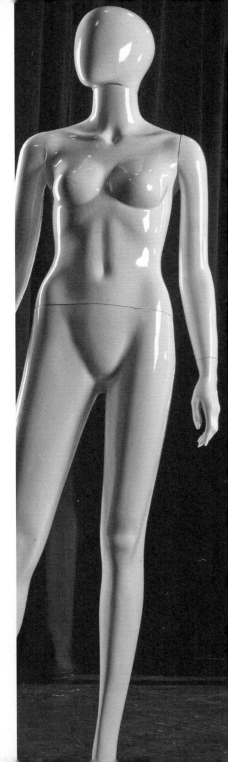

Odkąd poznałem
Lidię – kobietę
mojego życia,
to odtąd
ona już była
najważniejsza.
**Wiedziałeś,
że ma męża?**
Niestety tak.
Pokomplikowaliśmy
sobie trochę
losy. Sobie
i innym... ale nie
było na to siły.

Czy już wtedy ciągnęło cię do reżyserowania?

No pewnie. Przecież studiowałem reżyserię i już w szkole teatralnej byłem asystentem pani Marii Kościałkowskiej. Potem we Wrocławiu pracowałem z aktorami ze szkoły teatralnej. Ale to, co najbardziej ciągnęło mnie do filmu, to możliwość spotkania wielu pięknych kobiet. I za każdym razem innych, a nie ciągle tych samych koleżanek z teatru. I możliwość bycia każdego dnia w innym miejscu, w innym hotelu. Przygoda!

Intensywność doznań. Czyli adrenalina po prostu. Nie lubiłeś się nudzić. A kiedy dojrzałeś na tyle, że to przestało być najważniejsze?

Nigdy. Zawsze najważniejsza była przygoda i kobiety. I to mnie gubiło.

A potem ogłoszono stan wojenny. Jaki miałeś pomysł na dalsze życie?

Żadnego. I szczerze mówiąc, miałem wtedy dosyć trudny układ prywatny, dwójkę dzieci...

Z jedną panią?

Z jedną, bo to były bliźniaki. Matkę dzieci poznałem gdzieś na jakichś wakacjach nad morzem... i wtedy coś zaiskrzyło... Wiesz... to poszukiwanie przygody, no i miłość...

1984
Jako pianista Laci
w węgierskim filmie
Eskimosce jest zimno
w reżyserii
Jánosa Xantusa.
On – niepełnosprawny,
ona – marzy, by zostać
gwiazdą estrady,
i ja jako ten trzeci.
Historia miłosnego trójkąta.

Nigdy się nie ożeniłem, ale za-
łatwiłem jej mieszkanie i pracę
tam, gdzie chciała. I dojeżdża-
łem do dzieci, a potem one za-
częły przyjeżdżać do mnie. I tak
już zostało.

**I nigdy nie nastawiała dzieci
przeciw tobie?**

Nie… Trzeba jej to przyznać, że
nie…

Kochała cię?

Nie mam pojęcia… Wiesz… Nie ma
co do tego wracać. Za to mam

dwóch dorosłych synów. Mam nadzieję, że się lubimy.

**I to wszystko zbiegło się
z początkiem twojej wielkiej
kariery. Chcieli cię wszyscy –
i w kinie, i w teatrze... Reżyserzy
wyrywali sobie ciebie z rąk.**

Tak było. Dzisiaj sobie myślę, że
to powodzenie zawdzięczałem głównie reżyserowi Tadeuszowi Mincowi.
On się mną tak jakoś po ojcowsku
zaopiekował, pochylił nade mną,
widział tę całą moją szamotaninę
i niesubordynację i bardzo mądrze

1985
Rośliny trujące
– z Kasią Figurą w jednym
z pierwszych filmów
Roberta Glińskiego.

1992
Psy Władysława Pasikowskiego. Franz Maurer i Angela Wenz, czyli ja i Agnieszka Jaskółka.

ze mną pracował. I chyba dopiero u niego, w *Koczowisku*, zacząłem dobrze grać. Jeszcze teatralnie, ale już nie było wstydu. I potem jeszcze bardzo ważna współpraca z dyrektorem Jerzym Grzegorzewskim. Dużo mi to dało. Ale odszedłem do Warszawy.

Dlaczego? Przecież tam było tak dobrze...
Bo Jerzy Grzegorzewski w pewnym sensie wymagał wyłączności. On nie rozumiał, że ktoś woli grać w filmie, lekceważył kino i tłu-

97

maczył mi, że prawdziwa sztuka to tylko teatr, a nie jakieś tam filmy. A ja mu mówię: „Panie dyrektorze, ale ja niczego nie mam oprócz dzieci i muszę zarobić jakieś pieniądze"... Na trochę mnie zwolnił, ale cały czas miałem grać u niego w *Śnie nocy letniej* Szekspira, jakiegoś tam Ozyrysa czy Parysa, czy jebał go pies, jak on się tam nazywał... Wyjechałem na siedem miesięcy, nakręciłem ileś odcinków *Punktu widzenia* z Zaorskim, wracam – oni cały czas próbują tego Szekspira, zdążyłem jeszcze zagrać Puka – jedną z głównych ról, komediową zresztą.

Teatrowi nigdzie się nie śpieszyło, a ciebie gnało w świat?

Tak. Potem bardzo wciągnęły mnie te wszystkie filmy i nie mogłem być wierny tylko Jerzemu Grzegorzewskiemu. Ale pożegnaliśmy się w zgodzie, potem nawet pan Jerzy zaproponował mi reżyserowanie u niego w Teatrze Studio w Warszawie. Bardzo go ceniłem.

To dlaczego w Warszawie przeniosłeś się do Teatru Współczesnego?

Bo mnie tam świętej pamięci Krzysiek Zalewski zaciągnął, przedstawił Maćkowi Englertowi... i skusił najfajniejszymi laskami, jakie tam były. Bardzo ładne aktorki. Pakulnis, Kotulanka, Pola Raksa...

1986
Z Grażyną Szapołowską, czyli Mariscą, żoną księcia Hansa Heinricha XV von Teuss z *Magnata* Filipa Bajona. Ja jako jej pasierb Bolko. Bohaterowie zostaną przyłapani in flagranti.

I zakochałeś się w Poli „za jej Poli Raksy twarz"...
Można tak powiedzieć...

A ona zakochała się w tobie?
I to można zaryzykować. Ja grałem Archanioła Gabriela, a ona Matkę Boską... Tak to się zaczęło.

I to była twoja pierwsza miłość?
Nie. O pierwszej nie chcę mówić, bo za bardzo bolała. A dzisiaj to już nieistotne. Ale wiesz — to była reguła, że jak się za bardzo zakochiwałem, to nigdy nie kończyło się dobrze. I nie dawało żyć i spać. I piłem.

99

1995
Z Dorotą Segdą w filmie
Tato Macieja Ślesickiego.
W roli ojca walczącego
z chorą psychicznie żoną
o prawo do opieki nad
córeczką.

Dużo?
Nie przesadzajmy z tym piciem.
Cały czas jednak przede wszystkim ciężko pracowałem i uprawia-
łem sporty.

A zdarzało ci się zawalić film?
Nie. To było nie do pomyślenia.

**Genialnie grałeś w tych
pierwszych filmach, byłeś**

100

prawdziwym objawieniem.
Tak wtedy nikt nie grał.
To było coś takiego, jakby
przyjechał do nas amerykański
aktor polskiego pochodzenia.
Pewnie trochę dzięki temu
kuzynowi...
Może tak. Ale pamiętaj, że to
tylko dla tych stu ludzi z Chełmskiej.

Choćby przez to mogłeś się
rozpić...
Trochę może mnie to załamywało...
Ale bardziej załamywało mnie
coś innego. Tego się już teraz
nie pamięta, ale było na przykład tak: miałem zagrać u Wajdy
w *Miłości w Niemczech* z Meryl
Streep! I chodziło o paszport,
o te jakieś pieniądze, marki,
a ja nie miałem ani grosza, ani
na te moje dzieci, ani na nic,
kurwa, nie miałem pieniędzy.
I wtedy oni mówią, że dobrze
– puszczą mnie, dadzą paszport
i marki, ale jak będę kablował.
Donosił. No i nie wyjechałem.
Takie czasy.

I straciłeś szansę na wielką
przygodę...
Właśnie... Albo taka historia.
Dostaję propozycję zagrania
głównej roli w australijskim
serialu, razem z Gosią Dobro-
wolską. Ale nie miałem telefo-

101

1992
Może trochę później,
może chwilę wcześniej.
Michał i Mikołaj.
Moi synowie – bliźniacy.

nu, bo wtedy załatwienie telefonu domowego to był problem. I moja francuska agentka pyta, jak można się ze mną skomunikować, a ja mówię, żeby próbowali dzwonić do teatru. Wtedy ta agentka mówiła: „Ale ty nie możesz mieć telefonu w teatrze, ty masz być wielką gwiazdą filmową, ja chcę ci pomóc i >>być twoja agentka<<... to jest niemożliwe, żeby gwiazda nie

1992
Może trochę później,
może chwilę wcześniej.
Michał i Mikołaj.

miała telefonu…". To co ja jej miałem powiedzieć… że nie mam też mieszkania?! Dla nich takie rzeczy były wtedy w ogóle nie do pojęcia! No i tak się to wszystko rozpadło.

Nie miałeś mieszkania? To gdzie mieszkałeś?
W hotelach. Polska, Węgry, Niemcy, jakaś Dania. Cały czas w pracy.

103

A bagaże u mamy, taty?

Ja nie miałem żadnych bagaży! Tylko zbitą skrzynkę po jabłkach, która służyła jako stolik. I materac jugosłowiański, książki, płyty, adapter. To wszystko. Może czasem wynajmowałem coś gdzieś u kolegów, ale ciągle nie miałem kasy.

I nie zostałeś aktorem sławnym na całym świecie, a miałeś ku temu warunki jak mało kto.

Nie… nie zostałbym nigdy, bo to jest sprawa dobrej znajomości języka. Nie do przekroczenia w tym zawodzie. A w szkole uczyli mnie tylko francuskiego, niemieckiego i rosyjskiego.

1991
Pewności nie mam. Ale od tego roku byliśmy parą z Lidią. Choć poznaliśmy się trzy czy cztery lata wcześniej – na przyjęciu w ambasadzie indyjskiej.

104

Kiedy zacząłeś uczyć się angielskiego?
Jak robiłem filmy w Danii, w Niemczech, to zacząłem brać prywatne lekcje angielskiego. Za późno.

Dzisiaj młodzi ludzie uczą się go od dziecka. Za naszych czasów wydawało się, że nie będzie do niczego potrzebny. W przeciwieństwie do rosyjskiego. Takie czasy. Wtedy masz już dwóch małych synków w innym mieście, jesteś sam, masz różne kobiety. Jeszcze nie poznałeś Lidki?
Nie. Lidkę poznałem dopiero przy *Krollu*. W dziewięćdziesiątym pierwszym roku.

Jesteś swobodnym, wolnym strzelcem, kręcisz filmy, a romanse z kobietami traktujesz jako jeden ze sportów. Nie miałeś wyrzutów sumienia? Nie marzyłeś o wielkiej miłości?
Marzyłem zawsze. I jak spotkałem Lidkę – kobietę mojego życia, to odtąd ona już była najważniejsza. Ona i sporty.

Wiedziałeś, że ma męża?
Niestety tak. Poza tym, wiesz… ja już starym gościem byłem. Miałem prawie czterdzieści lat. A moje bliźniaki osiem. Małe były. A ja dopiero teraz spotykam kobietę swojego życia. Po-

105

komplikowaliśmy sobie trochę losy.
Sobie i innym... ale nie było na to
siły.

**Lidka jest świetną fotografką
i zjawiskowo piękną modelką.
Niezależną i podziwianą kobietą
sukcesu. Nie przeszkadza ci to, nie
jesteś zazdrosny?**
Jestem zazdrosny, ale mi to nie
przeszkadza. Imponuje. Podziwiam
ją. Każde z nas spełnia się w swoim zawodzie, mamy pasje. Ona bez
przerwy pracuje...

**A ty w tamtym czasie też właściwie
nie schodzisz z planu. Kręcisz
film za filmem. Trwa właśnie wielka
rewolucja ustrojowa. Kończy się
komunizm, zaczyna kapitalizm... znika
mur berliński, Zachód coraz bliżej...**
Tak. A ja ciągle na planie, w innych światach.

**Ale grasz w filmach, które
po latach pozwolą zrozumieć
tamte trudne czasy, opowiadają
o ich skomplikowaniu. Młodsze
pokolenie będzie się na nich
uczyło o najnowszej historii
Polski. Te filmy dopiero teraz
trafiają do szerokiej publiczności
i z dnia na dzień stajesz się
naszą najjaśniejszą gwiazdą.
Aktor Kieślowskiego, Wajdy,
Holland, Zaorskiego. Kino
moralnego niepokoju... to jest**

1996
Miałem polecieć tym
balonem ze Świnoujścia
do Szwecji. Coś się wydarzyło
– chyba pogoda nie sprzyjała.

niebywała pozycja. I nagle szok w środowisku filmowym. Poznajesz młodego reżysera, Władysława Pasikowskiego, i on proponuje ci rolę Franza Maurera w filmie *Psy*. Jakim człowiekiem jest twój nowy reżyser?

Dziwny to artysta, a najlepiej porównać go do Longinusa Podbipięty – z charakteru, uczciwości, z prawości. Jest do bólu uczciwy. Rzadko można spotkać takich ludzi. Władek świetnie pisze dialogi. A scenariusz *Psów* to jest właściwie dalszy ciąg kina moralnego niepokoju, tylko od innej strony. Niesolidarnościowej. Myśmy chcieli zrobić

film o tym, że człowieka nie można oceniać na podstawie tego, do jakiej partii należy. To jest historia o dwóch gościach, przyjaciołach, z których jeden przeszedł weryfikację na policjanta po zmianie ustroju, a drugi nie. Służyli komunistycznej Polsce. Ja byłem tym, który przeszedł weryfikację, a Marek Kondrat, który grał Ola – nie. I zaczął pracować dla mafii... Niby przyjaciele, którzy stali się wrogami... ale dzieliła ich jeszcze kobieta... Taki amerykański scenariusz.

Pamiętam głosy oburzenia i szum wokół tego filmu. Jeszcze do tego straszliwie tam przeklinaliście...
Bo to było środowisko kurew i policjantów. To mówiliśmy językiem kurew i policjantów, bo jakim mieliśmy mówić? Literackim, kurwa?! Do tego Władek pisał te kultowe do dzisiaj odzywki.

To było to: „Nie chce mi się z tobą gadać", tak?
Tak, tak i jeszcze: „A ty stara dupa jesteś", „Co ty wiesz o zabijaniu?".

To wszystko z *Psów*, tak?
Tak, tak, z dwóch *Psów*, bo powodzenie w kinach wymogło drugą część.

1992
Na świat przychodzi Aleksandra. To jedno z jej pierwszych zdjęć – w objęciach mamy Lidii.

109

1992
Lidia z naszą córeczką Olą.

Jak kapitalizm, to kapitalizm. I na tych filmach wychowali się dzisiejsi trzydziesto-, czterdziestolatkowie. Stałeś się ich idolem, mówili twoimi słowami...

    Tak. Byłem ulubieńcem mas, chociaż krytycy filmowi już mniej mnie

1995
Tatuś i jego mała córeczka
w obiektywie mamy.

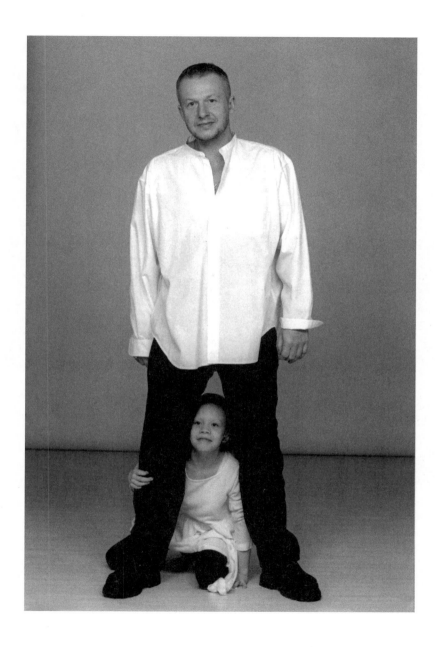

1993
Jesteśmy na Mazurach.
Ola i jej tata.

uwielbiali. Stałem się dla nich za bardzo przaśny, jakbym zdradził sztukę wysoką.

Po latach Wajda wziął Pasikowskiego do pisania dialogów przy Katyniu...
Bo Pasikowski jest po prostu dobry. A wiesz, jaki wtedy wszyscy przeżywaliśmy szok z powodu tego oszałamiającego powodzenia? Na przykład na festiwalu w Gdyni zdobyliśmy wszystkie nagrody i ledwo uszliśmy z życiem z autobusu, który przewracały zakochane dziewczyny.

2007
Aleksandra z przyrodnim bratem Michałem.

Tak samo miał Janek Kos po wjeździe Rudego na stadiony polskich miast. Opowieści Janusza Gajosa na ten temat mogę słuchać po wielekroć.

Ja też coś takiego przeżyłem... Na przykład pozorowany zamach bombowy w Lublinie, na jakimś spotkaniu, gdzie podpisywałem tysiąc koszulek, wiesz... wyprowadzanie bocznymi drzwiami przez policję...

Czułeś się jak jakiś Mick Jagger z Rolling Stonesów.

Przez długi czas coś takiego się działo.

113

2002
Mazury. Ojciec i córka
łowią ryby.

**I to cię cieszyło czy było
uciążliwe?**

Uciekałem od tego. To rajcowało
mnie tylko na festiwalu w Gdyni.

**Że siedzisz ważny jak jakaś Meryl
Streep...**

Albo nawet bardziej. To było fanta-
styczne. Natomiast tak na co dzień
– straszne. Wtedy zacząłem uciekać
do lasu. Chciałem być długo sam.

114

A czy odczułeś kiedykolwiek w stosunku do siebie zawiść, zazdrość, niechęć?

Tak. To mnie trochę kosztowało. Ale w sumie nie było to takie ważne. I wtedy Lidka wymyśliła, żeby poszukać jakiejś działki niedaleko Warszawy, ale jednak w ciszy i spokoju. Wzięliśmy kredyt i zbudowałem tu dom. Urodziła się nasza córka Ola...

I dzięki temu zostaliśmy sąsiadami. Opowiedz mi teraz coś więcej o twoim reżyserowaniu. Już wiem, że myślałeś o tym od początku.

Tak. Jeszcze w Krakowie asystowałem przy reżyserii i ta praca mi się spodobała. Potem we Wrocławiu zrobiłem kilka dyplomów z tamtejszą młodzieżą. Studiowali tam wtedy Gosia Dobrowolska, Czarek Harasimowicz, świętej pamięci Tadzio Szymków i Sławomir Wabik. Zrobiłem z nimi w Teatrze Kameralnym *Szelmostwa Skapena* Moliera. Bardzo się to podobało publiczności, taka komedia dell'arte, w pewien sposób przeze mnie spreparowana. Duża radość. Potem, jak już przyjechałem do Warszawy – jeszcze w stanie wojennym – przywiozłem z Węgier fantastyczną sztukę *Przedstawienie pożegnalne* Pétera Müllera. To historia opowiadana w cyrku.

115

O czasach Mussoliniego i o artystach, którzy wracają z wojny połamani psychicznie i fizycznie. Bardzo mocna sztuka antykomunistyczna, a u nas wiesz... stan wojenny... Przebudowałem trochę scenę u Grzegorzewskiego, w Teatrze Studio, z czego on potem korzystał w swoich przedstawieniach. Miałem basen z wodą, która udawała Morze Tyrreńskie – bo na morzu toczyła się wojna. Puszczałem na stalowej linie samoloty z żywymi ludźmi, którzy strzelali z pistoletów maszynowych nad widownią, lecąc nad nimi z zawrotną prędkością do balkonu... Wiesz, jak to się podobało?! Pojechaliśmy z tą sztuką na festiwal „Grecja kolebką kultury europejskiej". Dostałem trzecią nagrodę. Kiersznowski grał Mussoliniego, Przemek Gintrowski robił muzykę. Odjazd. To był jeszcze stan wojenny, bo pamiętam, że przyjechali do Polski aktorzy grający Leoncia i niewolnicę Isaurę i przyszli to zobaczyć, a bileterki mdlały z przejęcia, że tacy sławni aktorzy odwiedzili nasz mały teatr. Po tym sukcesie miałem propozycje z Egiptu, Turcji, Włoch. Chcieli, żebym reżyserował.

Skazany na sukces.
Potem jeszcze zrobiłem u Andrzeja Rozhina w Lublinie *Moliera* Bułhakowa. Przy pełnej widowni. A póź-

2002
Robimy razem z Olą staw dla ryb przed naszym podwarszawskim domem.

niej w Studiu Irzykowskiego pierwszy film. Działo się! Pamiętaj, że prawie nikt mnie wtedy jeszcze nie znał jako aktora, bo wszystkie filmy, w których zagrałem, ciągle leżały na półkach.

I niewiele wskazywało na to, że za chwilę to się zmieni.
Niewiele...

A egzamin reżyserski zdałeś eksternistycznie, bo twoją „filmówką" były filmy, w których grałeś?
Tak. Musiałem zrobić średni metraż i to był mój egzamin. Instytut

Irzykowskiego dał na to pieniądze. Powiedzieli, że tylko teraz mają kasę, i w ciągu czterech dni Czarek Harasimowicz napisał dla mnie jakiś scenariusz. Zdjęcia robił świetny Piotrek Sobociński, a film nazywał się *Koniec*. Grali Marek Walczewski i Małgorzata Niemirska. Pamiętam, że to była zima stulecia, Piotrek wymyślał jakieś zajebiste plany na zdjęcia, na przykład elektrociepłownie. Fajnie się przy tym bawiliśmy.

Ale traktowałeś to tylko jako ćwiczenie potrzebne do dalszej pracy?

2000
Gdańsk. Mój ślub z Lidią. Byliśmy tylko my, nasi świadkowie – Bogna Sworowska i Przemysław Gintrowski – oraz ksiądz Krzysztof Niedałtowski, duszpasterz środowisk twórczych i rektor kościoła św. Jana.

2000
Składamy przysięgę.

Oczywiście. Potem dostałem uprawnienia i mogłem już robić duże filmy. Pierwsze były *Seszele*, dziesięć lat później *Sezon na leszcza…*

Seszeli nie widziałam, ale pamiętam, że Sezon na leszcza mi się podobał…
A wiesz, że to był pierwszy scenariusz Wojtka Smarzowskiego? Albo jeden z pierwszych.

Potem Jasne błękitne okna z Beatą Kawką i Joasią Brodzik. A ostatnio w teatrze Ateneum pracowałeś między innymi z Julką

119

Kijowską i Agatą Kuleszą. W życiu bym ciebie nie podejrzewała o taki słuch na kobiecą duszę i o aż taką empatię.

  Ja siebie także nie. Pamiętam, że jak byłem bardzo młody, to wydawało mi się, że kobieta to jest taki ładniejszy mężczyzna.

Że tak samo myśli jak ty, tylko trochę inaczej wygląda?

  Właśnie. A one myślą zupełnie inaczej. I popatrz, to reżyserowanie filmów czy sztuk teatralnych z kobietami w roli głównej przyszło do mnie samo. Bo ja tego nie wybierałem. Chciałem robić filmy gang-

2004
Mniej więcej.
Dom. Rodzina, przyjaciele, dobre jedzenie. Wszystko, co dla mnie najważniejsze.

sterskie, a tu nagle sam siebie zadziwiam, że dogaduję się
z kobietami. Może dlatego, że
jestem ich ciekaw, wchodzę w ich
wrażliwość. To fajnie, że mogłem
dotknąć czegoś tak boskiego jak
kobieta. To jest moje szczęście.
Uczę się kobiet i podziwiam je.
Bo z mężczyznami jest zupełnie
inaczej, tu w grę wchodzi testo-
steron, ja muszę się przestawiać
na inną formę uwag.

**Nie ojcujesz swoim aktorom
w czasie pracy?**
Nie, to zupełnie inna relacja,
ale najważniejsze, że zawsze bardzo chcę, aby wypadli jak najlepiej. I wsłuchuję się w nich.
Fascynuje mnie ta praca. Pokazać
aktorom, jak sobie radzić z emo-
cjami. Przecież oni muszą nauczyć
się płakać, krzyczeć i śmiać się
na zawołanie i nie zwariować od
takiej dyspozycyjności. To jest
coś w rodzaju nauki, ale też te-
rapii. Mam nadzieję, że im zwy-
czajnie, po ludzku, pomagam.

I sobie dzięki temu także.
Oczywiście. I nawet kiedy im się
nie powiedzie i jedyna praca,
jaką znajdą, to będzie udział
w serialu, dadzą sobie radę
z psychiką.

2005
Nie przepadam
za pozowaniem.
Trochę się wstydzę.

1997
Z Lidią na wakacjach w Meksyku. Moja
żona wyjątkowo obok mnie – a nie za
obiektywem.

ROZDZIAŁ IV

POWRÓT DO SZKOŁY

Skąd wzięła się ochota na stworzenie szkoły filmowej?
Dopiero teraz widzę sens tego i mam satysfakcję. Kształtuję osobowości i mam frajdę, że zostaje w nich stempelek naszej szkoły. Chcemy, żeby te stempelki szły dalej w świat. I idą! *Nasza klątwa* dostała nominację do Oscara! *Bogowie*, *Galerianki* – to nasi reżyserzy zrobili te filmy!

Bogusiu, co myślisz o graniu w serialach?

Gdyby to były takie seriale, jakie produkuje HBO, to byłoby świetnie, bo one są naprawdę na wysokim poziomie, ale u nas, niestety, te najpopularniejsze są trudne do oglądania. Ich poziom rani moje uczucia estetyczne. Zbyt długo uczyłem się zawodu, żeby teraz oglądać takie nieprzystające do tego rzeczy. Jeżeli w naszych serialach telewizyjnych ktoś mówi „kocham cię" – to my nie słyszymy, że ona czy on kocha jego czy ją, tylko że musi tak powiedzieć, bo to jest dzisiaj kwestia, za którą dostaje pieniądze.

Ja nie mogę być wiarygodna w tej dziedzinie, bo za rzadko oglądam telewizję, ale ile razy w jakimś hotelu natrafiam na serial, jest mi trochę żal tych aktorów. Ale przecież muszą z czegoś żyć, pracować, żeby nie zwariować. Nie każdy ma szansę od razu grać w świetnych filmach.

Oczywiście, ale trzeba po prostu podnieść poziom tych seriali.

Świetne, mądrzejsze i dowcipniejsze obejrzy dużo mniejsza liczba widzów i producenci nie zarobią, a stacje telewizyjne ich nie nadadzą. Błędne koło.

1998
Poszukiwacz przygód
w drodze.

128

Seychelles / Seszele

Written by Cezary Harasimowicz
Directed by BOGUSŁAW LINDA
Photographed by Jarosław Szoda
Music by Wojciech Waglewski
– VOO VOO
Art directors Tadeusz Kosarewicz,
Izabella Konarzewska
Sound Jerzy Gałek
Film editor Maria Leszczyńska
Production manager Andrzej Janowski
Starring:
    Zbigniew Zamachowski
    Tadeusz Szymków

Also starring:
Małgorzata Niemirska Hanna Polk
Ryszard Pietruski Marek Walczewski
Grażyna Barszczewska Zdzisław Kuźniar
Igor Przegrodzki Cezary Harasimowicz
Marcin Troński Tadeusz Łomnicki
Grażyna Szapołowska
Teresa Budzisz-Krzyżanowska
and others
Produced by Film Studio ZEBRA, 1990
35 mm, color, 103 mins

"All you need is believe and want, and everything will come true...Seychelles!..."
"Seychelles" is Steve's (Stefek's) cry coming to us through the barred windows of a psychiatric hospital. Only a nutcase can believe in a better world and a land of promise. Seychelles, the happy islands where violence and pain give in to freedom. But is Steve's faith a honest confession? He is hiding in the hospital, plying nuts, because he thus wants to escape responsibility for petty thefts and other sins. He does not wish to do evil any more. But the ringleaders with whom he was pals at one time are of different opinion. So, Steve is left with playing insane and stuffing the minds of really sick inmates with dreams of a paradise. One of them, Dudzio, becames naive believer in Steve's stories. Steve and Dudzio eventually escape from the hospital and get jobs in an opera house where another cruel mafia is in control of the situation. There, events come to a point at which Steve has to stand up in defence of his friend. Reasonably, he stands no chance, but reason is no longer Steve's argument. His faith in a better world no longer is a false confession. He comes to realize that the promised land of "Seychelles" does exist somewhere. The question remains of whether he and Dudzio can reach it.
"All you need is believe and want, and everything will come true..."

Bogusław Linda

Les Seychelles

„Il suffit de croire et de vouloir, et tout s'accomplira... Les Seychelles! ..."
C'est le cri de Stefek. Son cri à travers les grilles de l' hôpital psychiatrique. Seul un aliéné peut croire en un monde meilleur et à la terre promise.
Les Seychelles – îles heureuses où la violence et la douleur cèdent la place à la liberté. Mais la foi de Stefek est-elle une profession sincère? Le jeune homme s'est réfugié dans un hôpital psychiatrique et fait semblant d'être devenu fou. Il fuit devant la responsabilité de quelques petits méfaits. Il ne veut plus collaborer avec le gang auquel il avait adhéré, mais les chefs sont d'un avis différent. Il n'y a pas de fuite possible. Alors que reste-t-il à Stefek sinon de jouer le fou et de bourrer le crâne des autres malades de rêves se rapportant au Paradis. Dudzio, un naïf idiot, croit profondément en un monde meilleur et aux contes de fées de Stefek.
Après leur fuite de l'hôpital, ils travaillent à l'opéra où opère une cruelle mafia. Stefan entreprend une lutte esseulée pour la défense de son ami. Il ne croit plus au bon sens. Sa foi en un monde meilleur n'est plus une profession trompeuse. Il sait qu'il existe quelque part la terre promise des Seychelles. Arriveront-ils jusqu'à elle, avec Dudzio?
„Il suffit de croire et de vouloir, et tout s'accomplira..."

Bogusław Linda

BOGUSŁAW LINDA

BOGUSŁAW LINDA
Born 27.06.1952 in Toruń, graduate of the State Higher Theatre School in Cracow in 1975, performed in H. Modrzejewska Old Theatre (Cracow), Contemporary Theatre (Wrocław), Contemporary Theatre (Warsaw) and Studio Theatre (Warsaw).
Filmography (major pictures only) – as actor:
1976 – Dagny
1980 – Fever (Gorączka)
1981 – Blind Chance (Przypadek)
    – Free Lancer (Wolny strzelec)
1982 – Danton
    – Mother of the Kings (Matka Królów)
1983 – Synthesis (Synteza)
1985 – Cheap Money (Tanie pieniądze)
1986 – Another Island (Inna wyspa)
    – Masquerade (Maskarada)
    – The Magnate (Magnat)
    – Suspended (W zawieszeniu)
1987 – Kill Me, Cop (Zabij mnie glino)
    – The Lonely Woman (Kobieta samotna)
1989 – The Last Schoolbell (Ostatni dzwonek)
    – Porno

As director:
1987 – The End (Koniec), medium length
1990 – Seychelles (Seszele) – feature debut

Tak, ale my musimy robić swoje.
Też grywałem w serialach. Różnych.

Do tych lepszych należał podobno reżyserowany przez Grzegorza Zglińskiego i Borysa Lankosza _Paradoks_. To nie był serial na dużą antenę. Ale nie wszystko musi być rozrywką dla milionów – czasem warto zrobić coś bardziej kameralnego, za to bardziej wyrazistego.
Tak jak warto uczyć aktorstwa czy reżyserii na najwyższym poziomie.

I z tej przyjemności pracowania z młodymi ludźmi i tworzenia nowych światów wzięła się ochota na stworzenie szkoły filmowej?
Reżyser Maciej Ślesicki wpadł na ten pomysł, właściwie nie wiem, skąd mu się to wzięło. Pracowaliśmy wtedy dużo razem, kręciliśmy _Sarę_ i _Tatę_.

Świetne filmy.
„Boguś, robimy szkołę?" – zapytał któregoś dnia. Czemu nie – może będziemy bogaci...?

Czyli o tym też myśleliście...?
Między innymi o tym, ale nie wyłącznie. Kompletnie natomiast zapomnieliśmy o specyfice zawodów artystycznych. Dziś wiemy, że nigdy nie zarobimy na

1990
Seszle. Mój debiut fabularny ze scenariuszem Czarka Harasimowicza oraz Tadeuszem Szymkowem i Zbyszkiem Zamachowskim w rolach głównych.

131

1990
Na planie filmu *Seszele*. Wystąpił w nim gościnnie Grzegorz Ciechowski. Jako dzieci byliśmy sąsiadami na tym samym toruńskim osiedlu. Nie znaliśmy się jednak.

tej szkole, bo w uczelni filmowej czy plastycznej jest zwykle więcej pedagogów niż studentów, a ci pedagodzy są sławnymi artystami i w tym czasie, kiedy uczą, mogliby zarobić gdzie indziej dużo większe pieniądze... Żeby więc mogli uczyć u nas, muszą mieć przyzwoite pensje. I tak, gdzieś po czterech latach powiedzieliśmy sobie, że chociaż nie będziemy zarabiali, to

1990
Zdjęcia do *Seszeli*
z Grzegorzem
Ciechowskim w roli
Uśmiechniętego, prawej
ręki pani Grażyny (grała
ją Grażyna Szapołowska).
Głosu bohaterowi
użyczyłem ja.

zachowamy się z honorem i nie damy plamy.

A jak moglibyście dać plamę?
Moglibyśmy na przykład stworzyć korespondencyjną szkołę filmową i w mailach tłumaczyć młodym ludziom, jak się gra... Trochę żartuję, ale przecież można zrobić wszystko, żeby tylko zarobić. Powiedzieliśmy sobie z Maćkiem, że będziemy uczyli najlepiej, jak umiemy. Biednie, ale z godnością i honorem. I myślę, że teraz to tak funkcjonuje. Rektorem jest Janusz Majewski.

SUKCES

nr 2 (177) LUTY 2005   2 x SUKCES cena: 8.00 zł (w tym 7% VAT)

SEKS
Czego
nie lubią
kobiety

LESZEK
BALCEROWICZ
Weźcie
odpowiedzialność
za kraj!

PODSŁUCHY
WEDŁUG
ABW

KOCHANOWSKI
I KURCZUK
Czy Polska jest
państwem prawa

HENRYK
GRYNBERG
Pokolenie
Polańskiego,
Hłaski
i Komedy

BOGUSŁAW
LINDA
Ostatni taki
twardziel

INDEKS 376760   ISSN 0867-494X

PISZĄ DLA NAS: BRYNDAL • SKOWROŃSKI • MŁODKOWSKI

2005
Od roku istnieje
wymyślona przez Maćka
Ślesickiego i przeze
mnie Warszawska Szkoła
Filmowa. Tak, to nasz
sukces.

**Wybitny reżyser i wspaniały
człowiek.**

Tak, tak, to nasza chluba! No a my
z Maćkiem Ślesickim, mimo naszych
wybuchowych charakterów, nawzajem
się szanujemy. Znamy swoje słabo-
ści, wiemy, jak ze sobą postępo-
wać, cenimy się i lubimy. I bardzo polubiliśmy tę szkołę. Mamy ją
już jedenaście lat, teraz do wyższej doszła średnia, a będzie też
gimnazjum. Zdobyliśmy masę nagród

2010
Warszawska filmówka przenosi się do nowej siedziby. Coś się kończy, coś się zaczyna. Dobry moment na podsumowanie.

i naprawdę zaczynamy się liczyć. Mamy wydział aktorski, reżyserski, operatorski, fotograficzny, charakteryzatorski, scenariopisarstwo, filmoznawstwo. Prawdziwa szkoła filmowa! Mieści się przy ulicy Generała Zajączka siedem. No i mamy już pięciuset uczniów! Dopiero teraz widzimy sens tego i mamy satysfakcję, dając dyplomy naszym absolwentom. Kiedy tu przychodzili, byli innymi ludźmi, a teraz są zmienieni – od

ubrania do psychiki. Kształtuje-
my osobowości i mamy frajdę, że
zostaje w nich stempelek naszej
szkoły. Chcemy, żeby te stempelki
szły dalej w świat. I idą! *Nasza
klątwa* dostała nominację do Oscara! *Bogowie*, *Galerianki* – to nasi
reżyserzy zrobili te filmy!

**Opowiadasz o tym z takim błyskiem
w oczach, od razu młodniejesz – to
jak ty sobie wyobrażasz spełnienie
największego marzenia, czyli
wyjechanie na bezludną wyspę?**
No... może będę do nich przyjeżdżał
na obozy konne?

Macie obozy konne?
Tak. Co roku w maju wyjeżdżamy na
dwutygodniowy obóz konny i szermier-
czy. Ja jestem szefem tych obozów,
zatrudniam świetnych nauczycieli,
jeźdźców, koniuszych i szermierzy,
i wyjeżdżamy z naszymi kandydata-
mi na aktorów. Przez dwa tygodnie
płaczą, dostają straszny wycisk,
ale nie żałują. Wiedzą, że nie
będzie łatwo, ale czegoś się naprawdę uczą.

**A gdzie są te obozy, zawsze w tym
samym miejscu?**
Tak, tak, w Regietowie, na Łem-
kowszczyźnie, w górach, przy gra-
nicy ze Słowacją. Przepięknie tam
jest! Wynalazł to miejsce mój
przyjaciel Tomek Biernawski...

1995
Kiedy robiliśmy z Maćkiem
Ślesickim film *Tato*,
nie przypuszczaliśmy,
że niespełna dziesięć
lat później dorobimy
się – można powiedzieć
– wspólnego dziecka –
uczelni kształcącej
ludzi filmu.

136

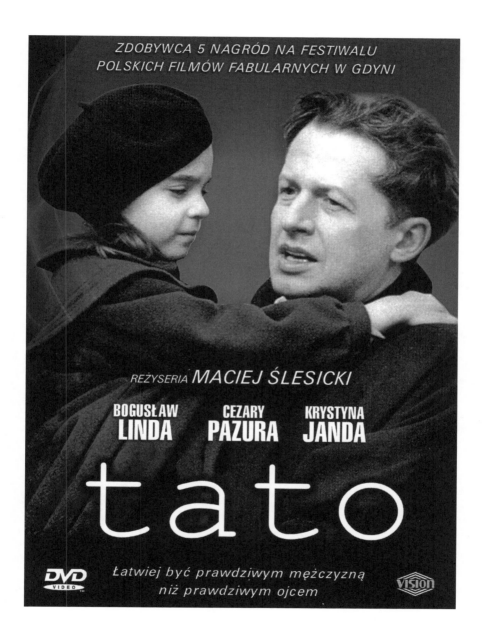

A ty sam, kiedy zacząłeś jeździć konno?

Chyba na studiach, ale połknąłem bakcyla dopiero wtedy, kiedy wyjechałem na południe Stanów i wciągnął mnie West.

Czyli...?

Tam są takie konie rasy quarter horse, które mają charakter zbliżony do psów, lubią cię bardziej niż te nasze znerwicowane angloaraby. W Stanach służą na przykład do pracy z bydłem. Stąd mają trochę inny układ mięśniowy, są bardziej zwrotne, mają duże piękne dupska. Mam takiego konia. Stoi w zimie pod Rzeszowem u przyjaciela, który bywa mistrzem Europy i czasem Polski w reiningu. Na wiosnę, lato i jesień zabieram go – bez przyjaciela – na Łemkowszczyznę, tam pasie się na łąkach. I on jest szczęśliwy, i ja. Konie to moja pasja i piękna przygoda.

I tę miłość w pełni rozumiem.

1984

Film to także czas po pracy. A że spędzają go ludzie
z fantazją... *Eskimosce jest zimno* kręciliśmy w Bułgarii. Węgrzy potrzebowali morza,
a to było najbliżej. Po zdjęciach ktoś wymyślił, żebyśmy popływali łódką. I jakoś
tak wyszło, że to ja miałem tą łódką sterować. Wkrótce okazało się, że zostałem
z tym zadaniem zupełnie sam, bo wszyscy węgierscy koledzy na morzu ciężko się
pochorowali. Do tego o mało nie aresztowała nas turecka straż przybrzeżna...
Cudem cała ta eskapada nie skończyła się nieszczęściem.

2010
Trwa remont nowej siedziby Warszawskiej Szkoły Filmowej.

WARSZAWSKA SZKOŁA FILMOWA
Jedna z trzech wyższych uczelni filmowych w Polsce. Została założona w 2004 roku przez Fundację Edukacji i Sztuki Filmowej Macieja Ślesickiego i Bogusława Lindy – Laterna Magica. Uczelnia kształci aktorów, reżyserów, operatorów, montażystów, filmoznawców, producentów filmowych i fotografów. Rektorem uczelni jest profesor Janusz Majewski, a wśród wykładowców są takie postaci, jak profesorowie Krzysztof Zanussi czy Andrzej Ramlau.

2010
W szkole jest blisko pięciuset uczniów. To uczelnia
wyższa, liceum, wkrótce będzie gimnazjum.

ROZDZIAŁ V

MĘSKIE ZABAWY

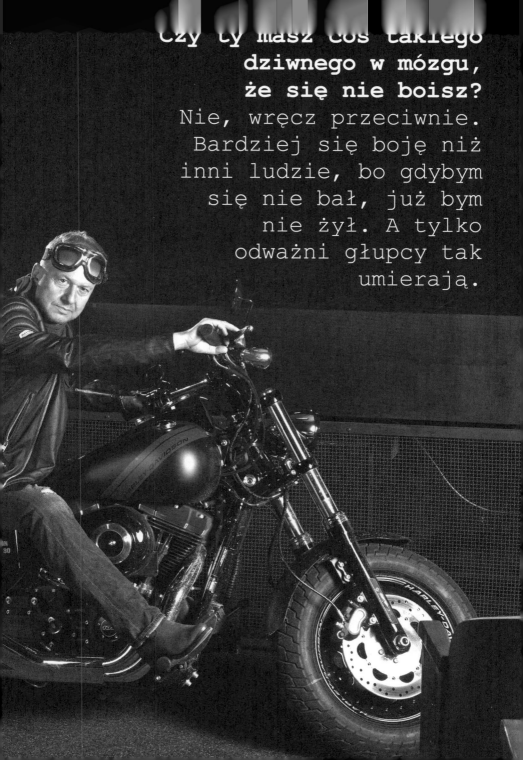

Czy ty masz coś takiego
dziwnego w mózgu,
że się nie boisz?
Nie, wręcz przeciwnie.
Bardziej się boję niż
inni ludzie, bo gdybym
się nie bał, już bym
nie żył. A tylko
odważni głupcy tak
umierają.

O ile dobrze rozumiem twoją miłość
do prawdziwych koni,
to zupełnie nie rozumiem tej
do koni mechanicznych. Kiedy na
to zachorowałeś?

Oj, wcześnie. Kiedy robiłem prawo jazdy, od razu zrobiłem na samochód i motor. Jeździłem wuefemką. Wtedy były jeszcze emzetki, junaki i czeskie jawy. A wiele lat później gdzieś przyuważyłem motor kolegi i on mi się strasznie podobał... To była mała czarna honda w typie harleya. Uwielbiałem ten wiatr we włosach! A później zostałem twarzą Harleya V ROD – i tak to trwa...

**Ale słyszałeś o tym, że
motocyklistów nazywa się potocznie
dawcami organów?**

Tak, ale to jest mowa o motocyklistach sportowych – to są ci jeżdżący na tych motorach, na których siedzi się, mocno wychylając do przodu...

I to oni szukają śmierci?

Na tych ich motorach, zdaje się, nie da się jeździć wolno. Trzeba mieć wiatr w klatę, żeby ręce nie bolały, jak się tak niewygodnie siedzi. Można pojechać dwieście, nawet trzysta na godzinę. Ja tego nie robię. Na harleyu siedzi się trochę podobnie jak w siodle. Ja na moim siedzę prawie na glebie.

Czyli na ziemi. I nie jeździsz na te rajdy motocyklowe z innymi szaleńcami?

Nie. Tu także jestem samotnikiem. Po prostu lubię czuć ten wiatr naokoło, włożyć bandankę, jakieś okulary i przejechać się na zakupy do miasta, a przy okazji mieć zabawę, że jadę sobie między samochodami. I one stoją w korku, a ja nie.

I masz zaufanie do tych samochodów?

Nie mam.

Bo ja, jako kierowca samochodu, ciągle widzę jakiegoś szalonego motocyklistę, który na mnie najeżdża. Boję się was, w tych waszych czarnych ubraniach.

Ale ja mam motor, który wydaje taki dźwięk, że kierowca auta dobrze wie, że nadjeżdżam. To są harleyowskie głębokie silniki, które „brumią" i bardzo je słychać.

Niestety.

To męska zabawa. I chociaż bolą ręce i kręgosłup, to jest piękna przygoda!

Przygoda w roli głównej... coś mi się teraz przypomniało... W naszym środowisku od lat opowiada się o waszej żeglarskiej eskapadzie

na Karaiby, w trakcie której zasłynąłeś z niebywałej odwagi. Dlaczego była ci potrzebna?

Przez wiele lat pływałem na jachcie po Karaibach, z szyprem kapitanem Piotrowskim, jako jego pierwszy kapitan. Trochę uczyłem ludzi nurkowania i dzięki temu miałem darmowe wakacje. I kiedyś ten kapitan powiedział, żebym zaprosił sobie jakichś kolegów artystów z Polski. Więc zaprosiłem kolegów, z którymi miałem właśnie zamiar niedługo założyć wspólną knajpę: Marka Kondrata, Wojtka Malajkata i Zbyszka Zamachowskiego. Myślałem, że będziemy mieli sporo czasu, aby porozmawiać na temat tego przedsięwzięcia i bliżej się poznać, bo znaliśmy się dotąd tylko z pracy...

I byliście wtedy największymi gwiazdami kina...

No tak... to był nasz czas. Marek Kondrat ucieszył się szczególnie, bo miał dla nas gotowy plan założenia Prohibicji. I na przełomie marca i kwietnia wszyscy tam się znaleźliśmy.

Tam, to znaczy gdzie?

Na Bahamach. Startowaliśmy z Nassau. Na nasze nieszczęście trafiła nam się najgorsza od dziesięciu lat pogoda – deszcze i zimno. Pływało się marnie, łódka była biedna,

1998
Albo i nie.
Samochody nie są
mi obojętne.

1993
Łódka. Mazury. Wolność.

chłopaki też się trochę pochorowali na chorobę morską. Strasznie
kiwało, a starych sprutych żagli
nie rozstawiliśmy z oszczędno-
ści. Pływaliśmy głównie na motorze
i było to bardzo dziwne, schizo-
freniczne pływanie na Bahamach...

**I jak doszło do tych mrożących krew
w żyłach wydarzeń?**

152

Któregoś dnia była lekka sztormowa pogoda. Ciągnęliśmy za sobą ponton...

Po co?

Bo to są bardzo płytkie wody i łódką nie można dopłynąć do brzegu, tylko pontonem. A tam są jeszcze te ogromne kamienie pod wodą i trzeba być bardzo ostrożnym, zwłaszcza w taką okropną pogodę – wiatr, piana, mętna woda, pod którą nic nie widać... Fala na trzy, cztery metry, czyli jeszcze nie taka duża, ale zapowiadająca się na większą... No i nam się w śrubę okrętu wkręciła linka holownicza od pontonu. Nawinęła się cała! A my na tej łódce płyniemy, żartujemy, opowiadamy sobie anegdoty, wiesz, takie śmichy-chichy na lekkim rauszu. I nagle ja patrzę, a nasza łódka dryfuje i nikt nie może odpalić motoru... Wszyscy lekko narąbani, a płyniemy prosto na widoczną rafę koralową. Żagli nie mamy, bo są sprute, a zresztą nie byłoby już czasu na ich postawienie. Idziemy prosto na rafę. Groza. Wokół pełno rekinów. Uświadomiłem sobie, że jedynym gościem, który może coś zrobić, jestem ja, bo mam butlę tlenową. A żeby uruchomić silnik, trzeba było poprzecinać nawiniętą linę cumową pod spodem,

153

1999
Bahamy.
Wspólny rejs ze Zbyszkiem
Zamachowskim,
Wojtkiem Malajkatem
i Markiem Kondratem.

pod łódką, gdzie dołem idzie ten
główny bolec do śruby, no wiesz…

No nie wiem, ale opowiadaj!
Na tym bolcu była nawinięta lina.
Sporo zwojów. Podpłynąłem tam z bu-
tlą, tylko wcześniej nie przewi-
działem, że będę musiał nurkować
i butla nie była naładowana. Wskaź-
nik na czerwonym…

1998

Projekt X. Trzynaście reportaży o sportach ekstremalnych, czyli adrenalinie i poszukiwaniu własnych granic. Tutaj – kanioning.

Na rezerwie.

Tak, na rezerwie, to się zdarza. Na nabijanie butli już nie było czasu, szliśmy prosto na rafę, a rekinów od chuja... Ja się więc zdecydowałem wskoczyć, przytroczony liną do jachtu, żeby nie odpłynąć – bo wiesz, prądy morskie nie są za bardzo bezpieczne...

To wiem.

Tam trochę walczyłem o życie... i pod łódką nożem nurkowym ciąłem tę linkę... ale to było trudne,

155

bo łódka nie stała w miejscu, tylko latała wypornościowo w górę i w dół. Na trzymetrowej fali leci w górę, a ja zostaję w miejscu i co chwilę zderzam się z tym rozkołysanym potworem.

Mógł cię zabić...

Niestety tak. I cały czas musiałem ciąć i walczyć o to, żeby zdążyć przed katastrofą.

I rekinów od...

No od tego właśnie... Ciąłem i ciąłem, i uciąłem sporo... ale przy ostatnim zwoju odcięło mi oddech. Przerażenie. Pierwszy raz to przeżyłem... to jest sekunda i koniec. Nie ma możliwości wykonania następnego oddechu! Wyplułem ustnik i zacząłem się jakoś wydobywać dzięki linie. Wykończony, bo butla, kamizelka, wszystko było bardzo ciężkie. Bez powietrza. Słabłem.

Chryste Panie!

Jakoś ostatkiem sił wypłynąłem na powierzchnię i co widzę?! Mumin, czyli Zbyszek Zamachowski, stoi sobie spokojnie i mnie f o t o g r a f u j e!!! Ja do niego: „Ty chuju, ja się topię, rzuć mi natychmiast linę...", a on f o t o g r a f u j e! W końcu mnie jakoś wyciągnęli, ale ledwo żywego. Całkowicie opadłem z sił.

1999
Bahamy. Często tam
żegluję.

**Ale czy oni w ogóle mieli
świadomość grozy tej całej
sytuacji?!**

Skąd. Nie mieli i jedynie to ich
usprawiedliwia.

**A potem przez lata opowiadali,
jak uratowałeś im życie. I to
była wasza pierwsza i ostatnia
eskapada żeglarska?**

157

Oj tak. A kiedy już po tym szczęśliwym uratowaniu się zaproponowałem im popływanie z rekinami w porcie, bo mieliśmy taką okazję – nikt nie chciał przeżyć tej przygody.

I ja ich rozumiem.
Ja nie bardzo… Ale wiesz… zostaje wspomnienie przygody… i tylko to się liczy.

A potem miałeś z nimi przygodę restauracyjno-kapitalistyczną?
Tak. Cztery lata próbowaliśmy mieć wspólną restaurację Prohibicja.

Bolesne dla was słowo. I boleśnie się skończyło… A jak się zaczęło?
Po prostu myśleliśmy, że skoro mamy przedsiębiorcę, który chce w nas zainwestować, to opłaci się otworzenie knajpy… No i nowa przygoda. Mieliśmy genialne miejsce przy placu Zamkowym, które załatwiła Beata Tyszkiewicz, i wszyscy na początku bardzo się do tego zapaliliśmy.

I przez jakiś czas to był modny adres. Ale potem nastąpiło brutalne zderzenie marzeń z raczkującym kapitalizmem?
Właśnie coś takiego. Po prostu okazało się, że jeżeli się tego samemu naprawdę nie prowadzi, to nie ma takiego sposobu, żeby cię,

1999
Kolacja.

po pierwsze, nie oszukali, a po drugie, żeby ten cały interes wyprowadzić na prostą.

Poza tym ludzie chyba myśleli, że jak to jest wasze, to wy tam cały czas będziecie siedzieli i jako gwiazdy pierwszej wielkości cieszyli oczy wielbicieli swoimi sławnymi obliczami?
Chyba tak, a przecież to było niemożliwe. Każdy pracował. Najbardziej udzielał się Wojtek Malajkat, ale i on po jakimś czasie dał za wygraną. Prohibicja

miała filie w Zakopanem, Łodzi i Krakowie. Po czterech latach zakończyliśmy tę wstydliwą działalność. Nic na tym nie zarobiliśmy, ale i nic nie straciliśmy. Kolejne doświadczenie życiowe.

Przygoda jest sensem twojego życia.
Tak.

To opowiedz teraz o cyklu niebywałych przygód, czyli o tak zwanym _Projekcie X_. Wtedy, kiedy w Polsce kręcono _Ogniem i mieczem_, w którym miałeś zagrać Bohuna – rolę jakby dla ciebie stworzoną, ty zrezygnowałeś i zająłeś się sportami ekstremalnymi. Dlaczego?
Nie zagrałem Bohuna, chociaż była to rola wymarzona, ale nie mógłbym ci szczerze powiedzieć dlaczego, więc nie mówmy o tym wcale. Na szczęście w tym samym czasie dostałem pieniądze z drugiego programu Telewizji Polskiej na zrobienie cyklu poświęconego propagowaniu turystyki ekstremalnej. I zwiedziliśmy cały świat!

Czyli – ahoj, przygodo!
Otóż to. Miałem świetną ekipę zapaleńców – samych komandosów i górali, ratowników TOPR, wspaniałych operatorów i dźwię-

1996
Balonem do Szwecji. Z małym budżetem. Bardzo ryzykowna przygoda, bo to drogi sport. Parę razy o mało nie utonęliśmy. Za każdym razem, kiedy kosz niebezpiecznie napełniał się wodą, po kryjomu odcinałem worek z piaskiem. Worki też były drogie. Jestem pewien, że mojej rozrzutności wszyscy zawdzięczamy życie. Z lądowaniem też był zresztą problem. Trafiliśmy w środek bagnistej łąki. Na szczęście. W Szwecji brzeg Bałtyku jest bardzo skalisty. Kiedy jeszcze przypomnę sobie, że ścigała nas szwedzka policja, trudno mi dzisiaj zaliczyć tę przygodę do udanych.

kowców. Co to było za przeżycie.
Trzynaście dyscyplin!

Umiałbyś wymienić wszystkie?

Spróbuję: po pierwsze, wyścigi z psa-
mi husky we włoskich Alpach, po drugie, nurkowanie zimowe, potem nurkowanie letnie w Egipcie i w Meksyku,
piąte – spadochroniarstwo i tak zwane swobodne spadanie (AFF), po szó-
ste – jazda konna w Argentynie
na Pampie, siódme – kajaki górskie
i dalej: kanioning, rafting, czyli
spływ szybką rzeką, przejście przez
busz, dżunglę w Wietnamie, w Złotym
Trójkącie i jeszcze coś – ale jednak sobie nie przypomnę.

1994
Hawaje. Zaproszony
przez amerykańskich
Polonusów wygrywam
konkurs tańca. I uczę
miejscowych krakowiaka.
Są zachwyceni.

162

Niesamowite. I nic się wam nie stało podczas tych wyczynów?!

Niestety, stało się. Jechaliśmy tam w ogóle bez żadnej dokumentacji i mieliśmy trochę przygód. Ja miałem naderwane mięśnie brzucha i rozwaloną kostkę, szef TOPR-u Robert Janik złamał kręgosłup, a operator i dźwiękowiec połamali poważnie nogi. I wszyscy byli jakoś poranieni, to była naprawdę męska przygoda. Ale po tych przeżyciach mój przyjaciel TOPR-owiec Andrzej Ziarko, z którym robiliśmy to wszystko, wcale nie zniechęcił się do ryzyka, założył własną firmę w Bariloche w Argentynie. Kręciliśmy tam jeden odcinek, zakochał się w tym miejscu i został. I do dzisiaj prowadzi wyprawy na całym świecie… Ta adrenalina dawała nam poczucie niebywałego szczęścia. Każdy z nas miał duszę sportowca, rywalizowaliśmy ze sobą… pięknie było. Ciągle w podróży, nie wiedziałem, jak się pakować… co chwila zmiana klimatu i pory roku.

A dzisiaj, po dwudziestu latach, uprawiasz jeszcze jakieś sporty ekstremalne, oprócz jazdy na motorze?

Nie. Wiem, że jestem starszy i że to ryzykowne… Chociaż ostatnio latałem nad Warszawą

1995
Karaiby. Fajne jest życie na morzu.

na motor gliderze (połączenie spa-dochroniarstwa z paralotniarstwem).

Na bungee skakałeś?
Tak.

To może ty masz coś takiego dziwnego w mózgu, że się nie boisz?
Nie, wręcz przeciwnie. My mamy coś takiego, że bardziej się boimy niż inni ludzie, bo gdybyśmy się nie bali, już dawno byśmy nie żyli. Tylko odważni głupcy tak umierają.

Bez wyobraźni?
Tak. Ludzie wykonujący zawody wysokiego ryzyka to osoby wyjątkowo rozważne. Boją się i bardzo dba-

164

1999
Bahamy. To bardzo płytkie wody i łódką nie można dopłynąć do brzegu. Trzeba mieć ponton.

ją o swoje zdrowie. Ja też czasami się boję, ale strach jest niezależny ode mnie. Miałem na przykład takie dni, kiedy wychodziłem w góry i wiał halny, to bałem się podejść na pięć metrów do przepaści. A następnego dnia podchodziłem i balansowałem nad przepaścią na jednej nodze. Bo tego dnia dopiero moja psychika mi na to pozwalała.

Tak niewiele o sobie wiemy.
Właśnie.

Mnie się wydaje, że ty jesteś takim odważnym i dzielnym człowiekiem, że gdybyś na

165

1999
Zakładamy restaurację Prohibicja. Marek Kondrat, Zbyszek Zamachowski, Wojtek Malajkat i ja. Mieliśmy genialne miejsce przy placu Zamkowym, które załatwiła Beata Tyszkiewicz i bardzo się do tego zapaliliśmy.

przykład był na Titanicu, to pierwszy organizowałabyś pomoc, tratwy dla dzieci, kobiet i chorych. Tak samo w sytuacji awarii w samolocie. Pierwszy brałbyś dzieci na ręce i podawał maski spanikowanym matkom... To jest moje wyobrażenie ciebie na podstawie tego, co zagrałeś w filmach.

Tak możemy sobie zagrać, bo takimi chcielibyśmy być, ale nikt nie wie, jak zachowałby się naprawdę w sytuacji zagrożenia.

Z protokołu: „Tworzą zgraną paczkę, potrafią śmiać się z siebie, dowcipkować, ale i pomóc sobie w trudnych chwilach"

1999
Prohibicja miała filie w Zakopanem, Łodzi i Krakowie. Po czterech latach zakończyliśmy tę wstydliwą działalność.

Czyli możliwe, że pierwszy wsiadłbyś do tej tratwy, żeby siebie ratować, zostawiając zapłakane kobiety i dzieci?

Mam nadzieję, że tak by nie było, ale nie wiem tego na pewno.

Projekt X jest zarejestrowany
na DVD.Ja oglądałam kilka
odcinków z moim młodszym synkiem
Frankiem, był nieprzytomny
z przejęcia... Może wtedy on też,
na moje nieszczęście, zasmakował
w sportach ekstremalnych...
    I bardzo dobrze. Wtedy człowiek
    jest naprawdę szczęśliwy.

A wiesz, że ja potem pracowałam
długo ze świetną montażystką
Grażynką Gradoń, która montowała

1998
Z Jarkiem Ziarko,
TOPR-owcem,
podczas zdjęć
do *Projektu X*.

1998

Projekt X. Jarek Ziarko wkrótce wyjedzie do Argentyny, by założyć firmę organizującą ekstremalne wyprawy.

te twoje programy, i opowiadała, jak bardzo była zaskoczona twoją kulturą i serdecznością w czasie pracy. Skromnością. Inaczej sobie ciebie wyobrażała jako człowieka.

Ludzie często myślą, że jestem taki jak na ekranie. A to nie zawsze tak jest.

1999
Inauguracja wielkiego rejsu Karaibskiej Republiki Żeglarskiej (Republica Caribeña de los Marineros), powołanej do propagowania żeglarstwa.

1990
Surfer.

1998
Motocyklista.
Po godzinach na planie
Złota dezerterów.

1992
Bokser.
Kadr z *Psów*. Ta scena nie znalazła się w filmie.

ROZDZIAŁ VI

W DRODZE NA BEZLUDNĄ WYSPĘ

Jak ci się podoba nasz kraj po ćwierćwieczu niepodległości?
Teraz
przynajmniej
żyjemy
w rzeczywistym
kraju,
a dawniej tylko
w wyśnionym.
Mamy naprawdę
swój kraj
i rzeczywistość
kopnęła nas
w dupę.

**Dlaczego nie zagrałeś
majora Sucharskiego w filmie
o Westerplatte? Oficjalnie podawano,
że zachorowałeś na zapalenie płuc,
a jak było naprawdę?**

Naprawdę było tak, że zachorowałem
na zapalenie płuc i nie chciałem
umrzeć dla filmu. Ale najpierw jeszcze wtrącili się politycy, zarzu-
cając jego twórcom obrazoburczość,
co akurat nie było prawdą. No i roz-
pirzyli całą produkcję. Po roku
spotkaliśmy się już w trochę innym,
mniej efektownym składzie – na Li-
twie. Westerplatte broniło się
w upalnym wrześniu, a my zaczęli-
śmy robić zdjęcia w listopadzie.
Właśnie spadł pierwszy śnieg. Ja,
niestety, miałem uszyte przepięk-
ne letnie kostiumy – przez świetną
firmę z Poznania, najlepszą w Europie. Letni obcisły mundur, letnie
oficerki i ja w tym, kurwa, stałem
i stałem po kilka godzin w błocie
po kolana i w deszczu ze śniegiem.

**I udawałeś, że jest upalny
wrzesień...**

Tak. I od tego udawania właśnie
o mało nie umarłem na zapalenie
płuc. Przez dziesięć dni zrobiłem
pół dnia zdjęciowego i uciekłem
do Polski ratować życie. Myślę,
że zawiniła pogoda i nieudolność
reżysera. Za rok o tej samej po-
rze (był grudzień) zaproponowano
mi, żebym wrócił do filmu i trzy-

178

2011
1920 Bitwa Warszawska
w reżyserii Jerzego
Hoffmana. Daniel
Olbrychski jako
marszałek Piłsudski,
ja w roli majora Wieniawy-
-Długoszowskiego.

dzieści dni zdjęciowych, jakie
mi zostały, zrobił w sześć dni
w hali zdjęciowej w Warszawie.
Podziękowałem.

**A dlaczego nie zagrałeś
w *Pokłosiu* swojego przyjaciela,
Władka Pasikowskiego? Powstał
dobry i ważny film.**

Na to się złożyło parę rzeczy.
Podstawą była rozmowa telefo-
niczna. Władek nie miał jeszcze
pieniędzy na film, a bardzo chciał
go zrobić i starałem się mu wy-
tłumaczyć, dlaczego nie może dostać tych pieniędzy... To znaczy
powiedziałem, że chyba dlatego.
I on to potraktował bardzo oso-
biście, jako mój punkt widzenia.

179

A dlaczego twoim zdaniem nie dostawał tych pieniędzy?

Ja mu powiedziałem tak: „Władku, zanim Amerykanie zrobili *Pluton* o tym, że przegrali wojnę w Wietnamie, zrobili pięćset pięćdziesiąt filmów o tym, że byli niezwyciężeni, że wygrywali, byli bohaterscy, natomiast my robimy pierwszy film o naszych relacjach z Żydami i on od razu jest o tym, że ich mordujemy".

Że niektórzy z nas mordowali Żydów.

Tak, ale to nie jest ważne, bo ludzie na całym świecie odczytają to tak, że to Polacy mordują Żydów. On chyba zrozumiał przez to, że ja jestem antysemitą...

A nie jesteś?

Mnie wychowali dziadkowie z Wileńszczyzny i ani kwestia żydowska, ani jakiegokolwiek rasizmu w ogóle nie istniała, a o tym, że u nas jest taki problem, dowiedziałem się dopiero w sześćdziesiątym ósmym roku.

Większość młodych polskich Żydów dopiero wtedy dowiedziała się o swoich korzeniach.

Tak, to było przedziwne. W ogóle nie wiedziałem, że coś takiego istnieje. Nie mam nic do Rosjan, Żydów, Murzynów ani Niemców. Może moja rodzina w trzynastym wieku

1999
Jako Jacek Soplica
– ksiądz Robak
w *Panu Tadeuszu*
Andrzeja Wajdy.

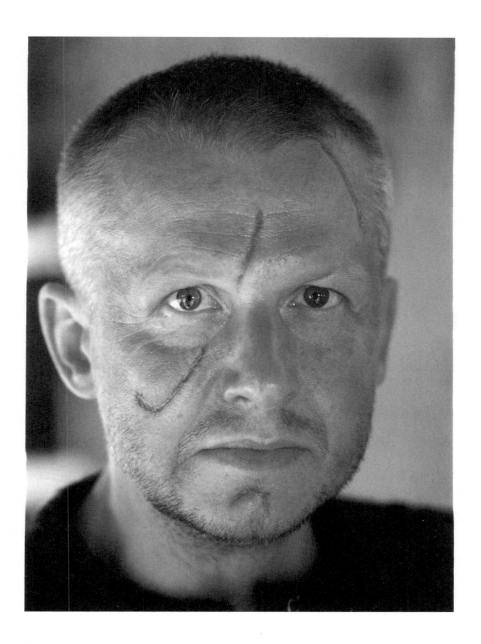

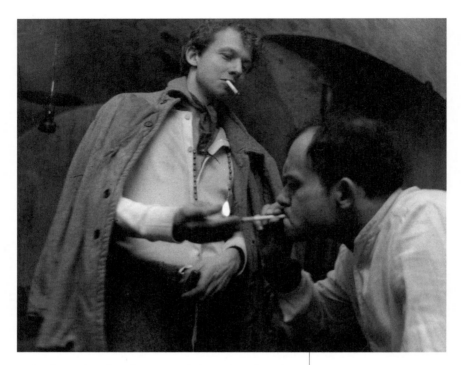

była niemiecka, czyli może ja jestem potomkiem jakichś Krzyżaków?

Abstrakcja.

No właśnie. Odpowiadamy tylko za siebie i swoje życie. Nie można potępiać Hindusa za to, że jest inny niż my i wierzy w innego boga, ale historia ludzkości mówi o tym, że walki religijne były najokrutniejsze. I tak jest, niestety, do dzisiaj. Cały ten problem muzułmański... Świat oszalał.

Ale co zrobić, żeby ozdrowiał i żeby chociaż młode pokolenia się

1980
Gorączka Agnieszki Holland. Do czego prowadzi bezmyślne oddanie partii?

opamiętały? I tu przechodzimy do bolesnego tematu ojczyzny i patriotyzmu. Czym dla ciebie jest patriotyzm?

Patriotyzm to tożsamość narodowa. Historia jest tworzona przez aktualne pokolenia i już po niedługim czasie nie wiemy, co było prawdą, co mitem, co legendą. Ale gdyby tak głębiej sięgnąć do historii, to przecież te nasze początki, Gniezno i Polanie, Mieszko I i tak dalej, to jest coś, o czym, mimo książek historycznych, niewiele wiemy. I myślę, że Polanie tak naprawdę nie wiedzieli, że są Polanami, tylko były to plemienne grupy, które zbierały się w kupę, żeby być silniejsze i rabowały kolegów zza Odry. Walka o przestrzeń, o przewagę, o znaczenie, o ziemię itd. A nasza historia to właściwie dzieje powstań, walk z ludami silniejszymi. Czy to powstanie listopadowe, styczniowe czy warszawskie, zawsze starsi pytali młodych: „A gdzie wy się, dzieci, wybieracie? Z czym, na kogo i po co?".

Prawie zawsze z niczym, na silniejszego i po śmierć.

Tak, ale trzeba było się bić, bo nie było wyjścia. I ta ofiara z krwi powstańców stycznio-

183

1982
Matka Królów w reżyserii
Janusza Zaorskiego. Gram
Klemensa Króla.

wych i te Sybiry dały nam to, że
ci młodzi poszli walczyć w powsta-
niu w czterdziestym czwartym roku.
Tak byli wychowani. Myśmy tak naprawdę byli wolni tylko przez dwa-
dzieścia lat, od tysiąc dziewięć-
set osiemnastego do wybuchu wojny,
do trzydziestego dziewiątego roku.
I naprawdę nie umieliśmy korzystać
z tej wolności w sensie politycz-
nym. Sanacyjna Polska to nie była
Polska naszych marzeń i snów, daleka była od ideału.

Ale i po osiemdziesiątym dziewiątym Jerzy Giedroyc włożył na siebie z bólem koszulkę z napisem: „O take Polske walczyłem". Bardzo go bolał początek lat dziewięćdziesiątych u nas. A jak ci się podoba nasz kraj dzisiaj, po ćwierćwieczu niepodległości?

Teraz przynajmniej żyjemy w rzeczywistym kraju, a dawniej tylko w wyśnionym. A teraz mamy naprawdę swój kraj i rzeczywistość kopnęła nas w dupę.

Ona to ma do siebie, że kopie w to coś.

Bo raptem się okazało, że i u nas jest tak jak na całym świecie... że politycy, walcząc o władzę, nadal wycierają sobie gębę patriotyzmem i polskością... To nie przestanie być modne i tego nie znoszę.

Masz codzienny kontakt z młodymi ludźmi dzięki waszej szkole filmowej. Jak myślisz, czym oni się różnią od nas w tej dziedzinie?

Oni, w przeciwieństwie do nas, czują się ludźmi wolnymi i obywatelami świata. Kochają swoją ojczyznę, ale nie muszą tego nikomu udowadniać. Myśmy się wstydzili wyjeżdżać za granicę, wstydziliśmy się biedy, niemod-

185

nego ubrania, braku dobrych manier, nieznajomości języków... A ci młodzi nawet nie za bardzo umieją sobie nas, tamtych, wyobrazić i zrozumieć. Ich patriotyzm jest dużo prostszy. Kochają swój kraj, miasto, przyjaciół. Nie wstydzą się być Polakami za granicą.

Musiało minąć całe pokolenie...
Oni kochają Polskę, w której nie czują się uwięzieni, kochają to miejsce, gdzie jeździmy na koniach, nie czują żadnego bólu związanego z hasłem „patriotyzm". I myślę, że to jest zdrowe. To myśmy byli chorzy.

Bo żyliśmy w chorym kraju, w którym każdy chorował na inną chorobę. A teraz jedna babcia należała do Solidarności, druga do partii, trzecia nie wychodziła z kościoła, a czwarta do niego nie wchodziła, ale dla nich to jest tak odległa historia jak bitwa pod Grunwaldem.
Oni są już naprawdę wolnymi ludźmi. Gdyby ktoś chciał zarzucić tej młodzieży, którą znam, brak patriotyzmu – nie zgodziłbym się.

Ja także. I patrzę z dumą na te ich dyplomy, znajomość języków, kontakty przez Internet z całym światem. Są obywatelami świata, z korzeniami w Polsce.

1983
Jan Paweł II. Z Wojtkiem Pszoniakiem.

I myślę, że oni są nawet dumni z tego odważnego kraju. Mają powody. Mimo polityków i Kościoła unurzanego, niestety, w polityce i walce o władzę. Kościół powinien być miłosierny, zatopiony w modlitwie – tak jak zatopieni w modlitwie są prawdziwi zakonnicy.

Boli cię to?
I boli, i wkurwia.

To zmieńmy temat na bezpieczniejszy. Jak to było z piosenką pod tytułem *Finlandia*, którą nagrałeś ze Świetlikami? Maciej Świetlicki to napisał.

187

Po prostu gromada krakusów namó-
wiła mnie, żebym zrobił coś takiego. Wywieźli mnie do Krakowa i piliśmy wódkę, jak zwykle. Zrobili
ze mną wywiad i tak się trochę za-
przyjaźniliśmy, ostrożnie, jak to
w Krakowie – takie zaprzyjaźnie-
nie, ale nie do końca. No i potem
wpadli na pomysł, aby nagrać coś
razem. Tylko że oni liczyli chyba na to, że ja potem będę z nimi
koncertował, ale estrada to nie
jest moje środowisko naturalne.
Wystąpiłem z nimi ze dwa razy, ale
kosztowało mnie to tyle zdrowia
i nerwów, że nie mogłem tego robić
dalej.

1998
*Demony wojny według
Goi.* Jestem dowódcą
kompanii, majorem
Edwardem Kellerem.

188

**W tej piosence, na końcu, jest
taka czarna wizja przyszłości
świata. Boisz się wojny?**

Boję się. I boję się polityków.
Obserwuję z przerażeniem to, co
dzieje się teraz na świecie. Ucie-
kam od tego. Nie mam zamiaru po-
zwolić, by politycy mną kierowali.

Nie czujesz się częścią masy?
Nie.

**I to się rzuca w oczy. W uszy
zresztą także. A dzisiaj, kiedy
masz prawie wszystko, jest
jeszcze coś, czego chciałbyś
w życiu doświadczyć?**

Chciałbym doświadczyć życia na
małej wysepce, greckiej albo
hiszpańskiej, z nieopaloną cha-
tą, w absolutnie naturalnych
warunkach, z motorową łódką,
akwalungiem, sprzętem rybackim
i GPS-em na tej łódce...

Ładne mi warunki naturalne...
Ja nie chcę uciekać od cywiliza-
cji, ja chcę uciekać od ludzi,
od roboty.

Od hałasu tego świata?
Dla mnie wolność to zdanie, które umierając, powiedział do mnie
mój filmowy ojciec z *Przypadku*
Krzysztofa Kieślowskiego: „Pamiętaj, nic nie musisz". Krzysiek powiedział, że to słowa jego

189

2005
Las putas melancôlicas,
w tłumaczeniu
Melancholijne dziwki.
Wspólny projekt
z zespołem Marcina
Świetlickiego Świetliki.

ojca, i ja je tak samo potraktowałem. Może to jest nie do zrealizo-
wania, ale jeśli pytasz o marzenia...
to chciałbym pożyć sobie, absolutnie bezstresowo i nie musieć myśleć
o tym, co będzie jutro...

**Ale na tej wyspie chcesz być
z Lidką czy sam?**

2005
Na płycie utwór *Gigli, gigli* z moim udziałem. O ludziach pozbawionych poczucia humoru.

Czasami sam, czasami z Lidką. Chodzi mi o taki spokój, brak stresu...

A Lidka daje ci ten spokój?
Czasami daje wielki spokój, a czasami denerwujemy się nawzajem i dostajemy szału.

Lidka jest bardzo zapracowanym człowiekiem, osobnym i ważnym.

191

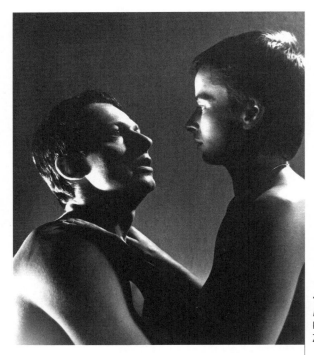

1981
Przypadek Krzysztofa
Kieślowskiego.
Z Bogusławą Pawelec.

**I chyba ma do ciebie słabość mimo
twojego skomplikowanego charakteru.**
To dobrze. Ja do niej także. I chyba nie mógłbym być z aktorką albo
reżyserką, za bardzo rywalizowalibyśmy ze sobą. A z jej sukcesów jestem dumny. Poza tym wiesz
– może właśnie dzięki jej pozycji
i sukcesom ja już nie będę musiał
zarabiać na życie. Bo ja nie marzę
o tym, żeby mieć miliony dolarów,
ale uważam, że na tę wyspę po tej
robocie, którą wykonałem, powinno
być mnie stać. A tak nie jest.

Ale i tak stać cię na dużo więcej niż naszych starych, wspaniałych aktorów.

Tak, to jest najbardziej stracone pokolenie.

A codziennie w telewizji powtarzają ich filmy.

Jeśli myślisz, że ja mam coś z tych filmów, które codziennie teraz powtarzają, to się mylisz.

A dlaczego tak jest?!

Nie wiem. Ja za same *Psy* powinienem żyć jak król.

I twoje dzieci także... Tak byłoby w Ameryce.

A tak nie jest. Zrobiłem sto filmów i nic z tego nie mam... Dwieście złotych w roku.

Kto jest winien?

Nasza głupota i złodzieje. Nie znam nazwisk.

I dlatego czasami zgadzasz się brać udział w reklamach?

Tak. Muszę utrzymać dom, rodzinę, pomóc bliskim i nie mam żadnych wyrzutów sumienia, że to robię. Może w poprzednim ustroju nasz zawód był przede wszystkim misją, ale dzisiaj jest wspaniałą, ale ciężką pracą. I jeśli ktoś proponował mi dodatkowe pieniądze, to ja się tylko

193

1997
W obiektywie Krzysztofa Fusa. Aktora i kaskadera. To, co dla mnie bardzo ważne – las, spokój.

cieszyłem, że będę mógł szybciej spłacić kredyt. Chodzi tylko o to, aby i tę pracę, to znaczy reklamowanie czegoś, wykonać dobrze. Tak jest na całym świecie.

Bogusiu, może spróbujemy jeszcze chociaż parę słów powiedzieć o tak zwanej erotyce w polskim filmie. W końcu byłeś obiektem westchnień, kobiety za tobą szalały, prawie w każdym filmie, w którym grałeś, miałeś tak zwane odważne sceny erotyczne. Nigdy się nie wstydziłeś tego robić przy kamerach, mikrofonach, ekipie?

Wstydziłem się, ale udawałem, że się nie wstydzę. Tylko miałem jed-

194

1997
Mojego konia (to nie ten ze zdjęcia) zimą trzymam u przyjaciela pod Rzeszowem. A na wiosnę, lato i jesień zabieram go na Łemkowszczyznę, tam pasie się na łąkach – i on jest szczęśliwy, i ja.

ną zasadę, której się trzymałem, że jako ojciec nie będę biegał z fajfusem na wierzchu. Chociaż Andrzej Żuławski w *Szamance* chciał mnie do tego zmusić, nawet szantażem, ale nie udało mu się. Wiesz, ten mój wstyd w takich scenach to jest nic w porównaniu ze wstydem i skrępowaniem tych dziewczyn, które muszą grać takie uniesienia. Ja nawet dawno temu miałem pomysł, żeby zrobić film o tym, jak się kręci w Polsce sceny erotyczne. Ona ma grać szaleństwo i taniec zmysłów, a w rzeczywistości to, co ma wyglądać jako pełne poezji, bywa po prostu nieestetyczne i groteskowe. Na przykład reżyser wymaga trzech dubli, światła powodują, że jesteśmy spoceni jak zwierzęta. Przed trzecim dublem kończy się ciepła woda pod prysznicem i ta aktorka przestaje już zwracać uwagę na to, że jest goła, a naokoło obcy ludzie, tylko myśli o tym, żeby nie dostać zapalenia płuc... Pierwsza scena w tym moim filmie miała wyglądać tak, że reżyser mówi do aktorów: „Nakręcimy taki film, że *Dziewięć i pół tygodnia*, to przy tym nic, erotyzm będzie kapał, pokażemy światu, jak naprawdę robi się takie rzeczy". I aktorzy się zgadzają, uwiedzeni słowami odważnego twórcy, a tu, gdy przychodzi co do czego, zastawki słabe i wszystko się wali, aktorzy stoją zziębnięci, operator podnosi światłomierz przy sutkach, żeby była ostrość na wiadome miejsca i tak dalej. Ale producenci stchórzyli, bo zorientowali się, że będzie skandal, i nie pozwolono mi kręcić. Chciałem z tego zrobić właśnie swój średni metraż, pierwszy film. Jeszcze w tamtej epoce. Naoglądałem się tego wstydu i zażenowania w czasie pracy nad scenami erotycznymi.

Śmiech przez łzy.
Taki zawód.

**Ta przygoda już nie daje ci
radości...**
Aż takiej jak sporty, to nie.

**A zdajesz sobie sprawę z tego,
że jesteś wybrańcem losu
i szczęściarzem?**
Tak, i codziennie jestem za
to wdzięczny. Zwiedziłem cały
świat, widziałem niejedno i nie
żałuję tego, że urodziłem się
w Polsce. Bo to jest naprawdę cudowny kraj, w porównaniu
z taką Afryką czy Azją, mieliśmy
naprawdę luksusowe dzieciństwo.

**A myślisz, że to szczęśliwe życie
zawdzięczasz przede wszystkim
komu, oprócz rodziców?**
Tym, których spotkałem na drodze swojego życia, i może czemuś
jeszcze...?

**Wierzysz w jakieś nadrzędne siły?
Dobrego ducha, anioły, Boga?**
Staram się wierzyć, ale jak On
się nazywa, nie wiem... I chyba
nie chciałbym wiedzieć. A wiesz,
kiedy ja byłem naprawdę głęboko
wierzącym człowiekiem?

?
W sytuacjach zagrażających życiu. Wtedy modliłem się żarliwie. Myślę, że jeżeli Bóg jest,
to jest sprawiedliwy i nas
wysłuchuje. Takie marzenie

197

1997
Dla mnie wolność
to zdanie, które umierając,
powiedział do mnie mój
filmowy ojciec z *Przypadku*
Krzysztofa Kieślowskiego:
„Pamiętaj, nic nie musisz".
Krzysiek powiedział, że to
słowa jego ojca, i ja je tak
samo potraktowałem.

z dzieciństwa. Bo wszyscy chcemy
mieć nadzieję.

**A czy każdego dnia czujesz się
częścią natury? Bratem drzew,
zwierząt, biedronek i jezior?**
Tak. Bardzo. Każdego dnia.

**A teraz, kiedy zaczyna się kolejna
wiosna w twoim życiu, to potrafi cię**

1997
Jeszcze jedno ze zdjęć z albumu – prezentu od Krzysztofa Fusa.

ona cieszyć, jak te „młodsze" wiosny?

Trochę może mniej, bo mam na nią wielką ochotę, a nie mam aż takiej siły jak dawniej. Znasz taki wiersz Broniewskiego:
„Idę sobie zamaszyście
I opada ze mnie życie
Jak jesienne liście.
Jakie liście?
Dębu, brzozy, topoli...
Ale to boli".
Piękne, prawda?

Piękne. Ale na razie dzielnie walczysz. Praca z młodymi w szkole filmowej, jeździectwo,

199

lada chwila masz wypłynąć w długi rejs po wodach świata ze sławnym kapitanem Romanem Paszke. Masz wrażenie, że jesteś dojrzałym człowiekiem?

Mam nadzieję, że nie, i do końca życia chciałbym żyć w przyjaźni z Piotrusiem Panem. To pozwala mi istnieć tak, jak chcę, być ciekawym świata i drugiego człowieka. I czekać na następną przygodę!

A jakim jesteś ojcem?

Nie wiem. Pewnie też niedojrzałym. Staram się rozumieć moje dzieci. Kocham je. Ale chyba nie umiem im dawać mądrych rad i wychowywać tak po mieszczańsku.

Ola jest już właściwie dorosłą kobietą...

Nie wiadomo kiedy to się stało. I jest modelką, jak mama, i jak mama robi piękne zdjęcia! Ale łatwym ojcem chyba nie byłem... Wiesz, mam dwóch synów, robię męskie filmy, pojęcie młodej kobiety jest dla mnie abstrakcyjne. Staram się przy niej nie przeklinać i nie robić czegoś źle. Ola była moim lustrem i wymagała. Przydało mi się to. Młoda kobieta jako córka to zupełnie nowe doświadczenie.

A pamiętasz te ważne, dziś już starsze kobiety swojego życia?

Tak, i wiele im zawdzięczam. Ale

1997
Las pod Warszawą.

2010
Potrzebuję kontaktu
z przyrodą. Z czasem
coraz bardziej.

Lidka jest najważniejsza. Czasami zastanawiam się nad tym, jak to wyglądało naprawdę w tej mojej młodości. Co było prawdą, a co mrzonką, czy byłem bęcwałem, czy szlachetnym młodzieńcem. I wiesz do jakiego wniosku dochodzę?

202

Do jakiego?
Że tak naprawdę, to nie mam pojęcia, jaki byłem. Nie potrafię
sam sobie na to odpowiedzieć.

A ciekawi cię to?
Tak.

**To masz jeszcze chwilę na
zastanowienie. Ale nie można
o tobie powiedzieć, że byłeś
cynicznym macho?**
Broń Boże! Zakochiwałem się perma-
nentnie, te miłości przychodziły,
odchodziły i na to, kiedy przyjdą
i kiedy odejdą, miałem minimalny
wpływ. Jedne kobiety wodziły mnie
za nos, inne zostawiałem, ale za-
uważyłem pewną prawidłowość. Te,
które myślały o dojrzałym związku na stałe, były mądre i omijały
mnie z daleka.

**I tym, którym dobrze życzyłeś,
nie życzyłbyś siebie na stałe?**
Ja chyba nie znam pojęcia „na
stałe". Przecież jestem złym
chłopcem.

**Nawet Lidka na tej wymarzonej
wyspie musiałaby chyba – dla
świętego spokoju – mieć osobny
bungalow?**
Albo nawet wyspę. Ale i tak, jak
obserwuję te wieloletnie pary
naokoło, to myślę że nam się
udało.

203

I ja tak myślę. Jako sąsiadka.
Jesteście piękną parą.
Bogusiu, chciałabym ci życzyć, aby
na tak zwane stare lata przytrafiła
ci się jeszcze jakaś wspaniała
rola w pięknym przejmującym
filmie. Należy się to i tobie,
i wielbicielom twojego aktorstwa.
Czyli nam.
I jeszcze, oczywiście, tego,
abyś po zagraniu w tym filmie
i zarobieniu niezliczonej ilości
pieniędzy mógł zamieszkać na swojej
wyspie. I aby po jakimś czasie
zawinęły na nią twoje wnuki.

Jak marzyć, to marzyć.

Przyszłość...
Nie marzę o tym, żeby mieć miliony dolarów, ale
uważam, że na własną wyspę po tej robocie, którą
wykonałem, powinno być mnie stać.

ŻYCIE

ZAWODOWE

AKTOR

Bezdech (2013)
spektakl telewizyjny
reżyseria: Andrzej Bart
bohater: Jerzy

Paradoks (2013)
serial telewizyjny
reżyseria: Grzegorz Zgliński,
Borys Lankosz
bohater: inspektor Marek Kaszowski

1920 Bitwa Warszawska (2011)
film
reżyseria: Jerzy Hoffman
bohater: major Bolesław Wieniawa-
-Długoszowski

Sztos 2 (2011)
film
reżyseria: Olaf Lubaszenko
bohater: esbek Mietek Królikowski

Mika i Alfred (2010)
film
reżyseria: Vladimir Fatyanov
bohater: naczelnik Ugro

Randka w ciemno (2010)
film
reżyseria: Wojciech Wójcik
bohater: Cezary, były partner Majki

Trzy minuty. 21:37 (2010)
film
reżyseria: Maciej Ślesicki
bohater: malarz

Kajínek (2010)
film
reżyseria: Petr Jákl
bohater: Dolezal

Ratownicy (2010)
serial telewizyjny
reżyseria: Marcin Wrona
bohater: Jan Tarnowski

Prawo miasta (2007)
serial telewizyjny
reżyseria: Krzysztof Lang, Marek Wróbel, Elżbieta Osińska
bohater: Andrzej Sarnecki

I kto tu rządzi? (2007)
serial telewizyjny
reżyseria: Maciej Ślesicki
bohater: Tomek Czajka

Jasminum (2006)
film
reżyseria: Jan Jakub Kolski
bohater: aktor Zeman

Letnia miłość/Summer Love (2006)
film
reżyseria: Piotr Uklański
bohater: szeryf

Jasne błękitne okna (2006)
film
reżyseria: Bogusław Linda
bohater: Artur, mąż Beaty

Czas surferów (2005)
film
reżyseria: Jacek Gąsiorowski
bohater: Dżoker

Dziki 2. Pojedynek (2005)
serial telewizyjny
reżyseria: Krzysztof Lang
bohater: „Ptasior"

Dziki (2004)
serial telewizyjny
reżyseria: Grzegorz Warchoł
bohater: „Ptasior"

Tak czy nie? (2003)
serial telewizyjny
reżyseria: Ryszard Bugajski
bohater: Sławomir Melanowski

Czwarta siostra (2002)
spektakl telewizyjny
reżyseria: Agnieszka Glińska
bohater: Iwan Pawłowicz Pietrow

Haker (2002)
film
reżyseria: Janusz Zaorski
bohater: Tosiek „Linda"

Segment '76 (2002)
film
reżyseria: Oskar Kaszyński
bohater: Karol Marks

Quo vadis (2002)
serial telewizyjny
reżyseria: Jerzy Kawalerowicz
bohater: Petroniusz

Quo vadis (2001)
film
reżyseria: Jerzy Kawalerowicz
bohater: Petroniusz

Reich (2001)
film
reżyseria: Władysław Pasikowski
bohater: Alex, zawodowy morder-
ca

Stacja (2001)
film
reżyseria: Piotr Wereśniak
bohater: gangster „Cyna"

Sezon na leszcza (2000)
film
reżyseria: Bogusław Linda
bohater: „Gliniarz"

Operacja Samum (1999)
film
reżyseria: Władysław Pasikowski
bohater: Edward Broński, polski
agent w Iraku

Pan Tadeusz (1999)
film
reżyseria: Andrzej Wajda
bohater: Jacek Soplica, ksiądz
Robak

211

Billboard (1998)
film
reżyseria: Łukasz Zadrzyński
bohater: Śliski

Demony wojny według Goi (1998)
film
reżyseria: Władysław Pasikowski
bohater: major Edward Keller,
dowódca kompanii

Monolog z Lisiej Jamy (1998)
spektakl telewizyjny
reżyser: Jerzy Krysiak

**Zabić Sekala, Je třeba zabít
Sekala** (1998)
film
reżyseria: Vladimír Michálek
bohater: Ivan Sekal

Złoto dezerterów (1998)
film
reżyseria: Janusz Majewski
bohater: Rysiek „Rudy"

Casanova (1997)
film
reżyseria: Maciej Wojtyszko
bohater: Stanisław August

Pułapka (1997)
film
reżyseria: Adek Drabiński
bohater: Aleksander Szuster

Sara (1997)
film
reżyseria: Maciej Ślesicki
bohater: Leon

Szczęśliwego Nowego Jorku (1997)
film
reżyseria: Janusz Zaorski
bohater: Janek „Serfer"

A śmierć utraci swoją władzę
(1996)
widowisko telewizyjne
reżyseria: Piotr Łazarkiewicz

Szamanka (1996)
film
reżyseria: Andrzej Żuławski
bohater: Michał

Słodko gorzki (1996)
film
reżyseria: Władysław Pasikowski
bohater: Filip Kamiński, brat
„Bąbla"

Prowokator (1995)
film
reżyseria: Krzysztof Lang
bohater: Artur Maria Herling

Tato (1995)
film
reżyseria: Maciej Ślesicki
bohater: Michał Sulecki

1920 *Bitwa Warszawska* (2011, reżyseria Jerzy Hoffman)

1920 *Bitwa Warszawska* (2011, reżyseria Jerzy Hoffman);
na zdjęciu z reżyserem.

Letnia miłość (2006, reżyseria Piotr Uklański)

Jasne błękitne okna
(2006, reżyseria Bogusław Linda)

Czas surferów
(2005, reżyseria Jacek Gąsiorowski)

Quo vadis (2001, reżyseria Jerzy Kawalerowicz)

Pan Tadeusz (1999, reżyseria Andrzej Wajda)

Pan Tadeusz (1999, reżyseria Andrzej Wajda);
na zdjęciu z reżyserem.

Demony wojny według Goi (1998, reżyseria
Władysław Pasikowski)

Zabić Sekala (1998, reżyseria Vladimír Michálek)

Zabić Sekala (1998, reżyseria Vladimír Michálek)

Zabić Sekala (1998, reżyseria Vladimír Michálek)

Złoto dezerterów (1998, reżyseria Janusz Majewski)

Złoto dezerterów (1998, reżyseria Janusz Majewski)

Złoto dezerterów (1998, reżyseria Janusz Majewski)

Złoto dezerterów (1998, reżyseria Janusz Majewski)

Miasto prywatne (1994)
film
reżyseria: Jacek Skalski
bohater: Paweł „Pawik"

Psy II: Ostatnia krew (1994)
film
reżyseria: Władysław Pasikowski
bohater: Franz Maurer

Jańcio Wodnik (1993)
film
reżyseria: Jan Jakub Kolski
bohater: sztukmistrz Stygma

Magneto (1993)
film
reżyseria: Jan Jakub Kolski
bohater: dyrektor

Obcy musi fruwać (1993)
film
reżyseria: Wiesław Saniewski
bohater: scenarzysta
Kamil Budziński

Pamiętnik znaleziony w garbie (1993)
film
reżyseria: Jan Kidawa Błoński
bohater: Ewald, brat Antoniego/
uzdrowiciel Hunter

Pora na czarownice (1993)
film
reżyseria: Piotr Łazarkiewicz
bohater: ksiądz Jan

Psy (1992)
film
reżyseria: Władysław Pasikowski
bohater: Franz Maurer

Sauna (1992)
film
reżyseria: Filip Bajon
bohater: Janek

Wszystko, co najważniejsze... (1992)
film
reżyseria: Robert Gliński
bohater: Tadeusz Bogucki, przyjaciel Watów

In flagranti (1991)
film
reżyseria: Wojciech Biedroń
bohater: doktor Adam Nowak

Kroll (1991)
film
reżyseria: Władysław Pasikowski
bohater: porucznik Arek

Kanalia (1990)
film
reżyseria: Tomasz Wiszniewski
bohater: Zbych

Pasażerowie na gapę (1990)
film
reżyseria: Sándor Söth
bohater: Piotr

229

Porno (1989)
film
reżyseria: Marek Koterski
bohater: Miki, brat Michała

Sztuka kochania (1989)
film
reżyseria: Jacek Bromski
bohater: Lewacki

Inny świat/En Verden til forskel
(1989)
film
reżyseria: Leif Magnusson
bohater: Daniel, ojciec Jensa

Ostatni dzwonek (1989)
film
reżyseria: Magdalena Łazarkiewicz
bohater: członek jury Festiwalu
Młodych Teatrów w Gdańsku

Żegnaj, laleczko (1989)
film
reżyseria: Laco Adamik
bohater: Brunette

Chichot Pana Boga (1988)
film
reżyseria: Tadeusz Kijański
bohater: pomocnik Rosena

Dekalog VII (1988)
film
reżyseria: Krzysztof Kieślowski
bohater: Wojtek, ojciec Ani

Crimen (1988)
serial telewizyjny
reżyseria: Jerzy Satanowski,
Laco Adamik
bohater: Tomasz Błudnicki

Cienie (1987)
film
reżyseria: Jerzy Kaszubowski
bohater: Edward

Kocham kino (1987)
film
reżyseria: Piotr Łazarkiewicz
bohater: aktor Jan Korwin, od-
twórca głównej roli w filmie
Ręce pianisty

Zabij mnie, glino (1987)
film
reżyseria: Jacek Bromski
bohater: Jerzy Malik

Poeci tragiczni (1987)
film
reżyseria: Wojciech Kukla
bohater: Georg Trakl

Inna wyspa (1986)
film
reżyseria: Grażyna Kędzielawska
bohater: Andrzej, syn Karolki

Magnat (1986)
film
reżyseria: Filip Bajon

231

bohater: Bolko, syn Hansa Heinricha

Maskarada (1986)
film
reżyseria: Janusz Kijowski
bohater: Jacek Burda

W zawieszeniu (1986)
film
reżyseria: Waldemar Krzystek
bohater: porucznik UB poszukujący Marcela

Biała wizytówka (1986)
serial telewizyjny
reżyseria: Filip Bajon
bohater: Bolko, syn Hansa Heinricha

Tanie pieniądze (1985)
film
reżyseria: Tomasz Lengren
bohater: Tojfel

Rośliny trujące (1985)
film
reżyseria: Robert Gliński
bohater: Adam

Fedra (1985)
spektakl telewizyjny
reżyseria: Laco Adamik
bohater: Hipolit

Ceremonia pogrzebowa (1984)
film

reżyseria: Jacek Bromski
bohater: Stefan Tarnowski, brat Jana

Eskimosce jest zimno/Eszkimó asszony fázik (1984)
film
reżyseria: János Xantus
bohater: pianista Laci

Płatki, kwiaty, wieńce/Szirmok, virágok, koszorúk (1984)
film
reżyseria: László Lugossy
bohater: Kornél Tarnóczy

Człowiek do specjalnych poruczeń/Megfelelő ember kényes feladatra (1984)
film
reżyseria: János Kovácsi
bohater: młody urzędnik

Pożądanie w cieniu wiązów (1983)
spektakl telewizyjny
reżyseria: Grzegorz Skurski
bohater: Eben

Stracone złudzenia (1983)
film
reżyseria: Gyula Gazdag
bohater: András Dániel

Synteza (1983)
film
reżyseria: Maciej Wojtyszko
bohater: sędzia Sądu Rady Narodów

233

Danton (1982)
film
reżyseria: Andrzej Wajda
bohater: Louis Antoine Saint-Just

Matka Królów (1982)
film
reżyseria: Janusz Zaorski
bohater: Klemens Król, syn Łucji

Człowiek z żelaza (1981)
film
reżyseria: Andrzej Wajda
bohater: Dzidek

Dreszcze (1981)
film
reżyseria: Wojciech Marczewski
bohater: ubek w cywilu przeszuku-
jący mieszkanie Żukowskich

Kobieta samotna (1981)
film
reżyseria: Agnieszka Holland
bohater: Jacek Grochala

Przypadek (1981)
film
reżyseria: Krzysztof Kieślowski
bohater: Witek Długosz

Wolny strzelec (1981)
film
reżyseria: Wiesław Saniewski
bohater: fotografik Rysiek

Wierne blizny (1981)
film
reżyseria: Włodzimierz
Olszewski
bohater: Mieczysław Szochowski
„Miki", kolega Madejskiego

Gorączka (1980)
film
reżyseria: Agnieszka Holland
bohater: Gryziak

Punkt widzenia (1980)
film
reżyseria: Janusz Zaorski
bohater: Włodek Jakubowski, mąż
Marii

Ziemia tragiczna (1980)
spektakl telewizyjny
reżyseria: Janusz Zaorski
bohater: Jim Howard

Wściekły (1979)
film
reżyseria: Roman Załuski
bohater: Zbigniew Zajdowski,
kolega Ewy Okrzesikówny

Janek (1979)
film
reżyseria: Zygmunt Lech
bohater: towarzysz z ZWM

Wodzirej (1977)
film
reżyseria: Feliks Falk
bohater: lekarz pogotowia

235

Pasja (1977)
film
reżyseria: Stanisław Różewicz
bohater: mężczyzna w salonie krakowskim (niewymieniony w czołówce)

W gipsie (1977)
spektakl telewizyjny
reżyseria: Laco Adamik
bohater: lekarz pogotowia

Dagny (1976)
film
reżyseria: Haakon Sandøy
bohater: Stanisław Sierosławski,
przyjaciel Przybyszewskiego

Czarne chmury (1973)
serial telewizyjny
reżyseria: Andrzej Konic
bohater: halabardnik w Barbakanie
(niewymieniony w czołówce)

GŁOS

God of War: Wstąpienie (2013)
gra wideo
wydawca: Sony Computer Entertainment
bohater: Kratos (polski dubbing)

**PlayStation All Stars: Battle
Royale** (2012)

gra wideo
wydawca: Sony Computer
Entertainment
bohater: Kratos (polski dubbing)

Jeż Jerzy (2011)
film animowany
reżyseria: Wojtek Wawszczyk,
Jakub Tarkowski, Tomasz Leśniak
bohater: Bogusław Linda (głos)

God of War III (2010)
gra wideo
wydawca: Sony Computer
Entertainment
bohater: Kratos (polski dubbing)

God of War: Duch Sparty (2010)
gra wideo
wydawca: Sony Computer
Entertainment
bohater: Kratos (polski dubbing)

Heroes of Might and Magic V
(2006)
gra wideo
wydawca: Ubisoft
bohater: Agrael/Raelag (polski
dubbing)

Głupki z kosmosu (2000)
gra wideo
wydawca: Ubisoft
bohater: Polok (polski dubbing)

237

Seszele (1990)
film
reżyseria: Bogusław Linda
bohater: „Uśmiechnięty", wysłannik
pani Grażyny (głos)
niewymieniony w czołówce

Fala zbrodni (2004, sezon 2)
serial telewizyjny (gościnnie)
reżyseria: Krzysztof Lang
bohater: Wasyl „Pietia" Isajew

13 posterunek (1998)
serial telewizyjny (gościnnie)
reżyseria: Maciej Ślesicki
bohater: aktor

REŻYSER FILMOWY

Jasne błękitne okna (2006)
Sezon na leszcza (2000)
Projekt X; cykl 13 reportaży (1998)
Seszele (1990)
Koniec (1988)

REŻYSER TEATRALNY

Tramwaj zwany pożądaniem
Tennessee Williamsa (2014)
Teatr Ateneum w Warszawie
Merylin Mongoł Nikolaja Kolady
(2012)
Teatr Ateneum w Warszawie

Molier według Michaiła
Bułhakowa (1986)
Teatr im. Juliusza Osterwy
w Lublinie
Przedstawienie pożegnalne Petera
Müllera (1985)
Teatr Studio w Warszawie
Szelmostwa Skapena Moliera (1980)
Teatr Kameralny we Wrocławiu

SCENARZYSTA

Koniec (1988)
(wspólnie z Cezarym Harasimowi-
czem)

TWARZ

Wódka Bols Platinum (2013)
Kampania marki Pharmaton
Geriavit (2012)
Kampania społeczna „Pij mleko,
będziesz wielki!" (2002)
Papierosy West (1996)

WE WŁASNEJ OSOBIE

Bitwa Warszawska w 3D (2010)
Agnieszka Holland (2008)
Czyż nie dobija się koni? (2000)

239

Prowokator (1995, reżyseria Krzysztof Lang)

Psy 2 (1994, reżyseria Władysław Pasikowski)

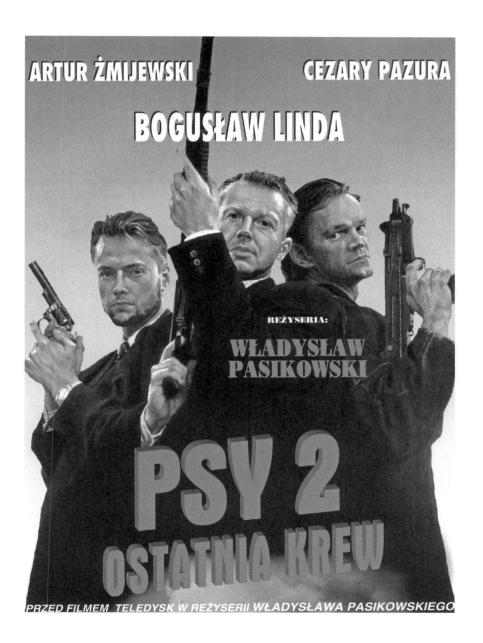

Psy 2 (1994, reżyseria Władysław Pasikowski)

Jańcio Wodnik (1993, reżyseria Jan Jakub Kolski)

Jańcio Wodnik (1993, reżyseria Jan Jakub Kolski)

Jańcio Wodnik (1993, reżyseria Jan Jakub Kolski)

Psy (1992, reżyseria Władysław Pasikowski)

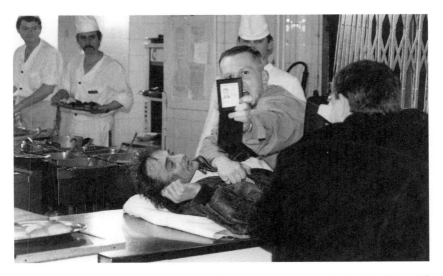

Psy (1992, reżyseria Władysław Pasikowski)

Psy (1992, reżyseria Władysław Pasikowski)

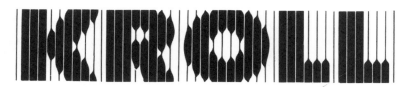

Screenplay and direction	Władysław Pasikowski
Photography	Paweł Edelman
Music	Michał Lorenc
Art Design	Krzysztof Stefankiewicz
Sound	Marek Wronko
Editor	Zbigniew Niciński
Production manager	Andrzej Sołtysik

Starring
Olaf Lubaszenko
Bogusław Linda
Ewa Bukowska
Agnieszka Różańska
Cezary Pazura
Dariusz Kordek
and others
Production: Film Studio ZEBRA, 1991
35 mm, color, 2900 m, 11 acts, 106 mins

In dramatic circumstances, Marcin Kroll deserts from his army unit as it is leaving for a training exercise.

Lieutenant Arek follows the deserter's trail, hoping to find him and bring him back to his unit before the Army Prosecutor begins his investigation into the matter.

Searching for Marcin Kroll, Lieutenant Arek learns much about the deserter's private life.

He enters a murky and mysterious world filled with betrayal, human passions, ever changing and unclear moral values.

The hunt for the deserter is full of surprises, and unlikely events and situations, which give no clear cut answers to many questions. The unexpected end of the search at the conclusion of the film, confirms the well known adage, that no-one gets anything in this life for free.

Dans des conditions dramatiques, Marcin Kroll déserte alors que son unité se rend au polygone. Le lieutenant Arek est chargé de retrouver le déserteur et de le ramener à son unité avant que le procureur militaire n'ouvre l'enquête.

Suivant la piste de Marcin Kroll, le lieutenant Arek découvre sa vie privée. Il entre en effet dans le monde ténébreux de la trahison, des passions humaines, des valeurs morales équivoques et troubles.

Les recherches amènent à des découvertes surprenantes d'événements et de situations invraisemblables et laissent. de nombreuses questions sans réponse claire. La fin surprenante des recherches permet de conclure que dans la vie on n'obtient rien gratuitement.

WŁADYSŁAW PASIKOWSKI
Film Director and Scriptwriter.

Born in Łódź in 1959. Studied at the University in Łódź, Faculty of Culture.

In 1989 he completed the Director's course at the Higher State School for Theatre, Film and Television Studies in Łódź. KROLL (1990) is his first feature film.

Kroll (1991, reżyseria Władysław Pasikowski)

Magnat (1986, reżyseria Filip Bajon)

Eskimosce jest zimno (1984, reżyseria János Xantus)

Bogusiu, chciałabym ci
życzyć, aby przytrafiła ci
się jeszcze jakaś wspaniała
rola w pięknym przejmującym
filmie. I jeszcze,
oczywiście, tego, abyś po
zagraniu w tym filmie
i zarobieniu niezliczonej
ilości pieniędzy mógł
zamieszkać na swojej
wyspie. Jak marzyć,
to marzyć.

Magda Umer

1986
Magnat Filipa Bajona
z Bogusiem w roli
Bolka. Jeden z moich
ukochanych filmów.

SPIS TREŚCI

Tytuł: *Zły chłopiec*
Redakcja: Ewa Lewandowska
Korekta: Katarzyna Zioła-Zemczak
Projekt graficzny okładki, makieta
 i skład: Dominika Raczkowska
Obróbka zdjęć: Andrzej Macura
Redakcja techniczna: Jarosław Jabłoński
Zdjęcie na okładce I oraz IV:
 Lidia Popiel

Redaktor kreatywna: Magda Mazur
Redaktor naczelna: Agnieszka Hetnał

ZDJĘCIA:
Krzysztof Fus: strony 192, 193, 196, 197,
 199
Lidia Popiel: strony 102, 103, 111, 114,
 117, 122, 132, 133, 138, 139, 140, 149,
 150, 155, 168, 169, 200

Pozostałe fotografie pochodzą z archiwum
prywatnego Lidii Popiel i Bogusława Lindy.

Wydawnictwo Pascal dołożyło wszelkich starań,
by ustalić prawa autorskie do wszystkich
zamieszczonych w książce fotografii. Jeśli
jednak wkradły się jakieś nieścisłości, prosimy
o informację, by w kolejnej edycji nanieść
ewentualne zmiany.

SESJA ZDJĘCIOWA:
Fotograf: Lidia Popiel
Współpraca foto: Michał Glinicki
Asystent fotografa: Tomasz Glinicki
Postprodukcja: Alex Linda
Stylizacja ubrań: Habriella Yatska
Make-up: Alicja Stempniewicz
Scenografia: Anna Tyślerowicz
Asystent scenografa: Michał Ruff

NASTĘPUJĄCE OSOBY I FIRMY POMOGŁY NAM
W ORGANIZACJI SESJI ZDJĘCIOWEJ,
ZA CO BARDZO DZIĘKUJEMY:

DOM HANDLOWY VITKAC, BUTIK LIKUS CONCEPT STORE
I MARKA DIESEL.
DH VITKAC, ul. Bracka 9, 00-501 Warszawa
FUKKI, ul. Mokotowska 48, 00-543 Warszawa
RAGE AGE, ul. Mińska 25, 03-808 Warszawa
ROBERT KUPISZ, ul. Mokotowska 48/204,
00-543 Warszawa
Fashion PR, ul. Chmielna 21/3, 00-020 Warszawa
LIBERATOR, AUTORYZOWANY DEALER HARLEY-DAVIDSON®,
ul. Górczewska 30, 01-139 Warszawa

Bielsko-Biała 2015

Wydawnictwo Pascal Spółka z o.o.
43-382 Bielsko-Biała
ul. Zapora 25
tel. 338282828, faks 338282829
pascal@pascal.pl, www.pascal.pl

ISBN 978-83-7642-525-2

Greenwich Council
Library & Information Service

IN HOUSE
QUALITY
SYSTEMS